Für die Familie von
Leni ♡.

Wir widmen dieses Buch
unseren wunderbaren einzigartigen Kindern.

Whisper von Soul

Voll doof tot zu sein, wenn alle traurig sind

Bibliografische Information der Deutschen Nationalbibliothek:
Die Deutsche Nationalbibliothek verzeichnet diese Publikation in der Deutschen Nationalbibliografie; detaillierte bibliografische Daten sind im Internet über http://dnb.dnb.de abrufbar.

www.whispervonsoul.blogspot.de
Herstellung und Verlag: BoD – Books on Demand, Norderstedt

ISBN: 978-3-7322-9011-6

Inhaltsverzeichnis

Einleitung

Wir haben wunderbare Kinder!

Voll doof tot zu sein, wenn alle traurig sind - unsere Kinder möchten nicht, dass wir nur noch weinen. Es macht sie traurig, uns hier unglücklich zu sehen. Daher schicken sie uns die Zeichen, die uns zeigen sollen, dass es ihnen gut geht, da wo sie jetzt sind, dass sie nach wie vor an unserem Leben Anteil nehmen und uns im Alltag oft ganz nah sind.

Uns, einen Vater und 32 Mütter, die Schreiber dieses Buches, verbindet ein gemeinsames Schicksal - der Tod eines oder mehrerer Kinder. Auf der Suche nach einem Weg, damit leben zu lernen, haben wir uns auf der Internetplattform LoD (www.leben-ohne-dich.de) kennengelernt. Daraus ging eine facebook-Gruppe verwaister Eltern hervor. Der Austausch untereinander ist für viele von uns zu einer wichtigen Stütze in unserem Leben geworden.

Die Idee ein Buch zu schreiben entstand beim Austausch in der facebook-Gruppe. Jemand beschrieb in seinem Beitrag eine Situation, die als Zeichen gedeutet wurde. Die Resonanz darauf war so groß und es wurde von immer mehr wundervollen Erfahrungen aus dem Leben mit unseren Kindern in ihrer anderen Dimension berichtet.

Ein bisher einmaliges Projekt war geboren. Innerhalb von facebook gründeten wir eine Buchprojektgruppe und haben dazu auch verwaiste Eltern aus dem LoD-Forum eingeladen. Wir schrieben unsere Kapitel und hielten über Skype regelmäßige Konferenzen ab, um das ganze Projekt zu managen und zu organisieren.

Den Trost, den wir beim Lesen dieser Berichte spüren, möchten wir gerne an die Leser dieses Buches weitergeben. Vielleicht findet sich der Leser in unseren Beschreibungen wieder oder wir helfen ihm dabei seine Sinne zu schärfen, um auch solche Zeichen empfangen zu können.

Werden wir uns also wiedersehen?

Wenn dich plötzlich das starke Gefühl erfaßt,
der, den du geliebt hast und liebst, sei dir nahe,
er habe dir ein Zeichen gegeben,
dann laß dich nicht irremachen. Nimm es an.

Ich bin überzeugt, daß es mehr Verbindungen gibt
zwischen denen drüben und uns hier,
als die meisten von uns heute meinen.

Ich glaube, daß ein Mensch, zu dem wir reden
in der Stunde nach seinem Sterben,
hört, was wir ihm sagen,
und daß die Toten uns Zeichen geben.

Wir brauchen dazu keine besonderen Fähigkeiten.
Wir müssen nur wissen, daß die Wand dünn ist
zwischen jener Welt und der unseren.

Werden wir uns also wiedersehen?
Unser Auftrag auf dieser Erde ist der,
an Liebe reicher zu werden.
Und ich glaube, daß die Liebe,
die in uns gewachsen ist, nicht verlorengeht.
Ich glaube an ein Finden und Begegnen -
wie immer es dann geschehen sollte -
wie hier, so in der anderen Welt.

Alena B.

*30.05.1997 +18.12.2009

Alena war wie ihr älterer Bruder ein absolutes Wunschkind. Die Schwangerschaft verlief ganz normal, doch kurz nach ihrer Geburt wurde ein Gendefekt (Osteopetrosis) festgestellt. Die Ärzte sagten uns, Alena hätte ohne Behandlung nur eine Lebenserwartung von vier Monaten und eine solche Behandlung könne nur in der Uniklinik Ulm vorgenommen werden. Für meine Frau Andrea und mich stand außer Frage, dass wir Alena dort vorstellen wollten. In Ulm wurden wir über die Behandlungsmöglichkeiten informiert. Wir wurden im Elternhaus der Uniklinik untergebracht, wo wir das folgende halbe Jahr wohnten, um immer in der Nähe unseres Kindes zu sein.

Alena bekam eine Chemotherapie und danach Stammzellen von mir, ihrem Papa. Sie überstand alles tapfer und wir hofften auf ein normales Leben mit ihr bei uns zuhause. Die Behandlung schlug an, doch durch die Nebenwirkungen bekam Alena viele chronische Erkrankungen und eine geistige Behinderung. Alena selbst interessierte das alles nicht. Sie war das fröhlichste Kind, das man sich vorstellen kann. Sie ging gerne in den Kindergarten und später in die Schule. Sie liebte es zu schaukeln, je wilder desto lieber. Ganz besonders mochte sie Musik. Wir waren so glücklich.

Am 20.10.2009 änderte sich dann alles. Alena wollte plötzlich nicht mehr laufen und stehen, offensichtlich hatte sie Schmerzen. Unser Kinderarzt überwies uns ins Krankenhaus. Dort wurde nach aufwändigen Untersuchungen ein Tumor (Rhabdomyosarkom) an der Wirbelsäule festgestellt. Die Prognosen waren schlecht und man machte uns keine Hoffnungen.

Von der Diagnose bis zu ihrem Tod blieben uns zwei Monate. Alena wurde zweimal operiert und bekam zehn Bestrahlungen - ohne Besserung. Der Tumor wuchs weiter und bald schon waren Krebszellen im zentralen Nervensystem. Wir durften sie mit nach Hause nehmen, wo sie am 18.12.2009 um 22:13 Uhr in unseren Armen verstarb.

Unser Leben änderte sich an diesem Tag …
Nichts ist mehr wie vorher und dennoch gibt es Momente, in denen uns Alena ganz nah ist und Zeichen zu geben scheint. Anders lassen sich aus unserer Sicht die folgenden Begebenheiten nicht erklären.

Alenas Zeichen

Alenas Bruder Marius machte einige Monate nach ihrem Tod den Führerschein. Eines Abends wollte er mit unserem Auto zu einem Freund fahren und meiner Frau Andrea und mir war schon beim Abendessen ganz schlecht bei dem Gedanken, denn es regnete und es war schon dunkel. Sicher kennen alle Eltern das flaue Gefühl, wenn ihr Kind als Fahranfänger mit dem Auto bei Regen in der Dunkelheit unterwegs ist. Wenn man aber schon ein Kind verloren hat, sind diese Gefühle kaum auszuhalten. Unser Sohn nahm unsere Einwände wie immer mit Humor und kommentierte unsere besorgten Mienen nur mit einem dummen Spruch: „Ich fahr doch nur zu Jonas und nicht in den Irakkrieg." Wir verabschiedeten ihn mit den üblichen Ratschlägen: „Fahr vorsichtig, fahr langsam!" - so wie es eben besorgte Eltern machen - und weg war er.

Fünf Minuten später stand er wieder in der Türe und meinte: „Der Wagen geht nicht auf." ... Ich fragte: „Wie, geht nicht auf?" ... „Na ja", meinte er, „der schließt sofort wieder ab." Ich ging dann mit ihm raus, und wirklich -

die Zentralverriegelung schloss nach dem Aufschließen sofort wieder alle Türen ab - keine Chance reinzukommen. Ich versuchte es mehrfach an allen Türen, aber er ging nicht auf, selbst der Kofferraum nicht. Da es regnete und dunkel war, sagte ich zu Marius, dass ich am nächsten Morgen den ADAC rufen würde und falls der es nicht hinbekäme, müsste der Wagen in die Werkstatt. Unser Sohn verzog sich dann grummelnd in sein Zimmer. Meine Frau und ich waren richtig erleichtert und wir hatten doch noch einen entspannten Abend.

Am nächsten Morgen versuchte ich dann noch einmal, den Wagen aufzuschließen, und alle Türen ließen sich einwandfrei öffnen.

Ich weiß natürlich nicht, ob etwas passiert wäre, wenn Marius in der Dunkelheit und bei Regen mit dem Auto zu seinem Freund gefahren wäre. Aber nachdenklich macht mich diese Situation doch. Aus irgendwelchen Gründen sollte er an diesem Abend das Auto nicht nehmen. Ich glaube, da hatte ein kleiner Schutzengel seine Hände im Spiel.

Eine ganze Reihe Zufälle häuften sich, als ich 2010 den Wunsch verspürte, noch einmal nach Ulm zu fahren. Ich weiß nicht genau, warum, aber wenn man sein Kind verloren hat, werden die Erinnerungen wichtig - überlebenswichtig.
Ich wollte noch einmal das „Elternhaus" des Krankenhauses sehen, in dem wir viele Wochen übernachtet hatten, noch einmal den Ort aufsuchen, an dem wir so voller Hoffnung waren. Andrea war sehr skeptisch. Sie hatte Angst, von den Erinnerungen überrollt zu werden. Da ich aber gerne mit ihr zusammen dorthin fahren wollte, stellte ich den Wunsch zunächst zurück. Es würde schon noch der geeignete Zeitpunkt kommen.

Aber dann kamen die Zeichen:
Plötzlich erinnerte mich so vieles an Ulm. Ich parkte bei uns auf dem Aldi-Parkplatz und „zufällig" stand neben mir ein Auto mit Ulmer Kennzeichen.

Im Frühjahr ließ ich mir ein Tattoo stechen, mein erstes, Alenas Name auf meinem Handgelenk. Das Tattoo-Studio wählte ich zufällig aus. Eine junge Frau stach mir das Tattoo und als ich ihren Nachnamen las, musste ich schon etwas schmunzeln – sie hieß „Ulm".

Kurze Zeit später fuhren wir für ein paar Tage nach Nürnberg. Im Hotel angekommen blätterte ich in dem Hotelprospekt, als mir der Name der Hotelbesitzerin ins Auge sprang. Sie hieß so wie die Ärztin, die uns damals nach Ulm überwies. Es war kein Allerweltsname wie Müller oder Meier. Dann fuhren wir in die Innenstadt von Nürnberg und parkten unser Auto. Um mir den Parkplatz zu merken, schaute ich aufs Straßenschild. Es war die Eythstraße, dort hatten wir in Ulm im Elternhaus gewohnt.

Damit war klar: Wir fahren nach Ulm.
Auch, wenn wir alles noch einmal durchlebt haben - die Freude, den Schmerz, die Hoffnung – waren wir Alena in Ulm sehr nahe. Wir haben sie so unheimlich nahe bei uns gespürt, voller Sehnsucht, aber auch erfüllt von ihrer unendlichen Liebe. Und, das hört sich jetzt furchtbar theatralisch an, aber ich glaube, wir haben unseren Frieden mit Ulm gemacht. Ohne die zahlreichen Zeichen hätte ich nicht den Mut gefunden, nach Ulm zu fahren. Danke, Alena.

Bei einer anderen Gelegenheit schien mir Alena die Zeit vertreiben zu wollen.

Wir hatten gemeinsam mit anderen verwaisten Eltern gefrühstückt und Andrea hatte danach noch einen Termin. Eigentlich wollte ich mich in dieser Zeit ins Café setzen, aber da ich schon so viel Kaffee getrunken hatte, ging ich in die Buchhandlung, um ein bisschen zu stöbern.
Ich stand lange in der spirituellen Ecke und blätterte in einigen Büchern, ging dann einen Schritt weiter und mein Blick fiel auf ein Buch „Liebeslexikon der Vornamen“ ... Merkwürdiger Titel! Ich nahm es in die Hand und schlug es auf - und wie der „Zufall“ es wollte, da stand: „Alena - Here comes the sunshine”. Was für ein schönes Zeichen! Alena wollte mir die Zeit vertreiben und mir ein Lächeln ins Gesicht zaubern.

Mich hat dieses Erlebnis dann auch strahlen lassen, und für mich war das kein Zufall mehr. Natürlich passte nicht alles aus dem Artikel auf Alena, aber sie wurde als strahlender, lichtvoller Mensch beschrieben.

Nachdem ich nun einige Begebenheiten beschrieben habe, die ich als Zeichen von Alena für mich, ihren Papa, interpretiert habe, möchte im Folgenden noch Alenas Mama von ihren Zeichen von Alena erzählen:

Unheilig Konzert

Am 19.04.2012 waren wir auf einem Unheilig Konzert. Ich liebe diese Musik, aber die vielen Menschen machten mir Angst. Ich mag die Enge nicht, und ich gerate dann schnell in Panik. Kurz vor Beginn des Konzertes wollte ich nochmal schnell Luft schnappen und dann wieder rein, doch man ließ mich nicht, weil es inzwischen noch voller war. Der Ordner schob mich stattdessen ohne zu fragen zur abgetrennten Behindertenplattform. Dort hatte ich einen tollen Blick. Es war überhaupt nicht eng und neben mir freute sich ein behindertes Kind über die tolle Musik. Dieses Kind hatte die gleiche Lebensfreude wie Alena. Diese Freude steigerte sich noch, als ich ihr meinen Leuchtstab schenkte. Ich war wie befreit und sehr glücklich. Andreas fand dann auch bald zu mir und wir hatten einen tollen Abend. Ich glaube ganz fest, dass Alena bei mir war und mir wieder zeigen wollte, wie glücklich ein behindertes Kind sein kann ... Wir waren ihr so nah wie lange nicht.

Deine Stimme

Jeder der ein Kind verloren hat, kennt diese Tage, wo die Sehnsucht nicht zu ertragen ist.

Bei mir reihte sich ein Tag an den anderen und an diesem Freitag war es einfach nur furchtbar. Doch dann passierte das: Ich passe seit Monaten montags und freitags auf einen fast dreijährigen Jungen auf. Er spielt dann in Alenas Zimmer und auch mit ihren Sachen. Ich weiß, Alena würde sich darüber freuen. Und für mich ist es auch sehr schön. Seit Monaten spielt er also mit ihren Sachen und an diesem Freitag brachte er mir plötzlich einen mp3-Player. Ich weiß bis heute nicht woher. Ich dachte, wir hätten ihn weggeworfen, denn eigentlich war er kaputt. „Mach Musik", sagte der Kleine zu mir und hielt ihn mir hin. Ich wechselte die Batterien, holte einen Kopfhörer und setzte ihn zum Ausprobieren auf. Beim Einschalten zog es mir den Boden unter den Füßen weg ... Ganz leise war Alenas Stimme zu hören, sie sang ein Lied. Dieser mp3-Player hat eine Aufnahmefunktion und Alena hatte anscheinend eher versehentlich eine Aufnahme gemacht ... und an dem Tag hat sie uns damit ein Lied geschenkt. Abends haben wir es uns gemeinsam immer wieder angehört, wir haben viel geweint, aber es war auch wunderschön. Danke Alena.

Andreas & Andrea B.

Annika F.

*19.04.1995 +21.12.2008

Kurz vor Weihnachten waren meine Familie und ich auf dem Weg in den Skiurlaub nach Österreich. Wir freuten uns so sehr auf diese gemeinsame Zeit. Um zwei Uhr in der Nacht fuhren wir beladen mit viel Gepäck und guter Laune los. Die Kinder machten es sich auf ihren Sitzen im Fond bequem, mummelten sich in ihre Wolldecken und versuchten wieder einzuschlafen. Felix (10 Jahre) gelang es ganz gut, aber Annika (13 Jahre) war viel zu aufgeregt. Schon als Kleinkind fiel es ihr schwer, die Augen einfach mal zu schließen. Sie hatte stets das Gefühl, sie könne etwas verpassen.

Bis München saß mein Mann am Steuer. Er fuhr gerne Auto und ich war überrascht, als er mich fragte, ob wir tauschen wollten. Normalerweise fuhr er immer in einem Rutsch die knapp 850 km durch.
Er hielt an einer Raststätte und unsere Blicke trafen sich. Einige Sekunden schauten wir uns in die Augen. Es ist schwer zu beschreiben, aber dieser Moment war voller Liebe und Vertrauen, sodass mir ganz warm ums Herz

wurde. Dieser Augenblick hat sich tief in mir eingebrannt. Mir war, als würde ich auf den Grund seiner Seele blicken.
Voller Vorfreude dachte ich an unseren Urlaub im Schnee und schaute nach den Kindern hinten im Fond des Wagens. Felix schlief angekuschelt an ein großes Stofftier und Annika lächelte mich müde an. Meine linke Hand wanderte nach hinten und streichelte ihr Knie. Kurz hielten wir uns an den Händen. Ich wusste nicht, dass ich gerade im Begriff war, mich von Michael und Annika zu verabschieden.
Nachdem wir getauscht hatten, verließen wir kurz darauf die Autobahn. Die letzten Kilometer fuhren wir über die Landstraße, sahen die schneebedeckten Berge rechts und links. Der Urlaub fing für uns bereits da an.
Das Wetter war jedoch an diesem Tag alles andere als einladend. Es regnete die ganze Zeit und ich schaute immer wieder zum Bordthermometer hin, da ich kein unnötiges Risiko eingehen wollte. Es zeigte +4°C an. Plötzlich spürte ich, dass ich keine Kontrolle mehr über unseren Wagen hatte. Er brach ohne erkennbaren Grund aus und geriet auf die Gegenfahrbahn, wo ein entgegenkommender VW-Bus keine Chance hatte, uns auszuweichen.
An diesem Tag starben mein Mann Michael und meine Tochter Annika. Felix und ich überlebten den Unfall mit schweren Verletzungen. Erst auf der Intensivstation der Uniklinik in Innsbruck, in die auch mein Sohn und meine Tochter gebracht worden waren, kam ich wieder zu mir.
Während des Klinikaufenthalts versuchten Felix und ich zu begreifen, dass unser Leben nie mehr das sein würde, was es bisher für uns gewesen war. Wir fingen an uns zu halten... zu trösten ... zu verstehen ... das Unbegreifliche greifbar zu machen. Und wie durch ein Wunder halfen uns Michael und Annika dabei:

Das Fenster

Es war der 03. Januar 2009. Felix wurde aus dem Krankenhaus entlassen. Ich sollte noch fünf Tage in Innsbruck bleiben, bis ich in ein heimatnahes Krankenhaus überführt werden konnte.
Dies war einer meiner schwersten Tage nach dem Unfall.
Noch nie in meinem Leben habe ich mich so verlassen gefühlt wie an dem Tag, als Felix nach Hause fuhr.
Ich hatte das Gefühl, dass mir jetzt auch noch das Letzte, was mir geblieben ist, genommen wurde. Ich saß bewegungslos in meinem Rollstuhl vor

dem Fenster, starrte auf die Innsbrucker Berge und weinte so hemmungslos wie noch nie vorher in meinem Leben.
Eine unendliche Leere erfüllte das Krankenzimmer und ich fühlte mich so aufgewühlt, so überwältigt von diesem Schmerz.
So saß ich stundenlang am Fenster und hörte, wie zwischendurch leise die Krankenschwestern nach mir sahen, mich aber nicht ansprachen. Sie ließen mich weinen, und es tat auch gut, alles raus zu lassen, ohne Rücksicht auf meinen Sohn nehmen zu müssen. Ich blickte auf die Berge und die Häuser, als mein Blick an einer hell erleuchteten Dachgaube mit einem großen Fenster wie gebannt hängen blieb.
Obwohl das Haus ein ganzes Stück entfernt war, sah ich ganz deutlich in diesem großen Fenster jemanden in einem herrlichen weißen Kleid, ähnlich einem Brautkleid. Und es war nicht das, was ich sah, das mich stutzig werden ließ, sondern das Gefühl, was in mir aufwallte.
Mir war, als stehe Annika in dem wunderschönen Gewand in dieser Gaube - als mein Engel der Hoffnung - und in meinen Gedanken hörte ich ihre Stimme, die mir gut zusprach und mich tröstete. Sie versprach mir, stets auf Felix aufzupassen.
Ich glaube ich saß stundenlang so am Fenster und nahm dankbar das Gefühl tiefen Friedens in mich auf. Als ich zu späterer Stunde erneut zu dem Fenster schaute, war nichts mehr zu sehen ...

Kerzenschein

Während meines Krankenhausaufenthalts machte ich mir sehr viele Gedanken, wie Felix und ich unseren Alltag nach meiner Entlassung wieder gestalten sollten. Ich war auf der Suche nach kleinen Dingen, die wir in unseren Tagesablauf einfließen lassen konnten, und die uns mit Micha und Annika verbinden sollten. Bei der Vorstellung, in Zukunft mit Felix alleine an unserem großen Esstisch zu sitzen, schnürte sich mein Magen zusammen. So kam mir die Idee, Micha und Annika mit an den Tisch zu holen - in Form von zwei schönen Kerzen.
Wieder zuhause zündete Felix bei unseren gemeinsamen Mahlzeiten nun immer, bevor wir mit dem Essen begannen, die beiden Gedächtniskerzen für unsere Lieben an.
Eines Abends sahen wir, wie die Flamme von Annikas Kerze unruhig hin und her flackerte, während Michas Flamme ganz ruhig brannte.

„Schau mal, Mama", sagte Felix, „Annika erzählt Papa etwas. Typisch Annika, sie plappert ununterbrochen." Da mussten wir beide lachen. Wir schauten gebannt auf die Kerzen. Wir hatten kein Fenster geöffnet und es herrschte auch kein Durchzug, aber Annikas Flamme tanzte wie verrückt. Plötzlich beruhigte sie sich wieder und Michas Flamme begann mit dem gleichen Schauspiel. So ging es eine ganze Weile hin und her. Wenn die eine Flamme ruhig brannte, flackerte die andere - und umgekehrt.

Wir fragten nicht, warum es passierte, sondern empfanden es als ein wunderbares Zeichen, dass wir am Tisch nicht alleine waren.

Träume sind Fenster auf das Unbewusste

Meine Freundin brachte mir ein Buch von Elisabeth Kübler-Ross mit dem Titel "Über den Tod und das Leben danach" mit ins Krankenhaus. Ich verschlang es innerhalb eines Tages. Durch diese Lektüre war ich abends sehr aufgewühlt und bei meinem Abendritual, dem Gespräch mit Micha und Annika, wünschte ich mir nichts sehnlicher als ihnen im Traum zu begegnen - und mein Wunsch sollte mir erfüllt werden:
Ich saß in Annikas Zimmer auf ihrem Bett, mit ihrem Teddy in den Händen, den sie als Zweijährige „Onkel Teddy Philipp" getauft hatte, und weinte. Ich saß eine ganze Weile so da, als sich die Zimmertür, die ich nur angelehnt hatte, öffnete.
Micha und Annika standen in der Tür und lächelten mich an. Michael trug ein „Engelchen-Hemd", wie man es auch im Krankenhaus trägt, Annika sah aus wie immer. Sie trug ihre Lieblingsjeans und dazu einen geringelten Pullover, den ich ihr erst vor Kurzem gekauft hatte. Während Annikas Gesicht nicht so klar zu erkennen war, es schien von einem Nebelschleier umgeben zu sein, sah Micha genauso real aus, wie ich ihn in Erinnerung hatte.
„Micha! Annika!", rief ich überrascht. „Ich bin so froh, dass ihr da seid. Ich versuche gerade, Annikas Zimmer auszuräumen, aber ich schaff das nicht alleine", sagte ich voller Verzweiflung. Freude und Erleichterung schwangen in meiner Stimme, als ich die beiden sah.
„Wir sind immer bei dir, ununterbrochen!", antwortete Micha mir.
Ich schlug mir mit der flachen Hand vor die Stirn: „Stimmt, das hatte ich schon wieder vergessen. Ja, ihr seid immer bei mir!"

Ich öffnete Annikas Schrank, in dem sie neben ihren Schulsachen auch einen Schuhkarton aufbewahrte, in dem sie alle ihre Briefe, die sie im Laufe ihres Lebens von Freunden bekommen hat, gesammelt hatte. Ich hielt diesen Karton in meinen Händen. „Ich weiß nicht, was ich mit all deinen Sachen machen soll, hier, mit deinen Briefen zum Beispiel?“ “Mama“, antwortete Annika ruhig, „du kannst sie getrost in die Altpapiertonne werfen. Ich brauche sie nicht mehr zu lesen, denn ich trage sie längst alle in meinem Herzen.“
Wir fingen an, gemeinsam das Zimmer umzuräumen und die Wände in bunten Farben zu streichen. Annika war auf einmal nicht mehr da, ich war mit Micha alleine. Wir alberten herum, er kleckste mir rote Farbe auf meine Nasenspitze. Es war ein so schönes Gefühl. Er war da, ich war da - und gemeinsam werkelten wir in Annis Zimmer. Ich fragte Michael, wie er den Unfall erlebt hatte.
„Ich schwebte über unserem Auto und konnte sehen, wie man uns mit einer Rettungsschere befreite. Ich hatte keine Schmerzen und fühlte mich lebendig, aber als ich meinen eigenen Körper mit den vielen Verletzungen sah, erschrak ich. Ich konnte sehen, wie man mich auf eine Rettungsdecke neben unser Auto legte. Dabei rutschte dem Sanitäter mein Kopf aus seiner Hand und er landete im Schnee.“ Eine Frage wollte ich unbedingt beantwortet wissen. „Hat Annika dich abgeholt, als du gestorben bist?“ Er schaute mich verdutzt an: „Meinst du, ich kann nicht alleine sterben?“ „Nein“, sagte ich aufgeregt, “das ist wichtig für mich. Ihr seid doch jetzt gemeinsam hier, irgendwo müsst ihr euch doch getroffen haben?“ „Sie stand auf einmal da“, antwortete er. Für mich war in diesem Moment so klar, dass Annika, die ja als Erste gegangen war, da gewesen war, um ihren Vater an der Schwelle zu empfangen.
„Erzähl mal, wie muss ich mir den Ort, an dem ihr jetzt seid, vorstellen?“, stellte ich bereits meine nächste Frage an meinen Mann. „Weißt du, es gibt gar keine irdischen Worte, um das treffend zu beschreiben. Stell es dir so vor, dass wir in einer Art Wohngemeinschaften dort zusammenleben.“
In diesem Traum waren Micha und ich uns ganz nah. Wir küssten uns und lagen später eng umschlungen zusammen im Bett, als er mir eine wunderschöne Liebeserklärung machte: „Wenn ich dich nicht schon lieben würde, hätte ich mich spätestens jetzt in dich verliebt. Ich bin so unendlich stolz auf dich, wie du mit der Trauer und mit all dem umgehst.“
Dann verabschiedete er sich mit den Worten: “Ich muss jetzt gehen, denn ich werde noch in anderen Träumen erscheinen“, und mit diesen Worten löste sich mein Traum auf.

Ich wachte auf und konnte Micha noch riechen, spürte noch seine Umarmung und weinte vor Freude, ihm in dieser Nacht so nahe gewesen zu sein.

Unser erster Urlaub zu zweit

Felix und ich fuhren in den darauf folgenden Osterferien nach Norderney. Dabei muss ich anmerken, dass Norderney für uns als Familie eine ganz besondere Bedeutung hat. So viele schöne gemeinsame Urlaube haben wir dort verbracht.
Unser erster Urlaub nach dem Unglück führte uns auch dorthin. Warum? Ich wollte herausfinden, welche Gefühle und Gedanken die Insel in mir auslösen würde, wie es sein würde, alleine mit Felix in dem Appartement zu wohnen, in dem wir ein Jahr zuvor als komplette Familie waren.
Während der Anreise überkamen mich gemischte Gefühle. Als wir kurz vor Emden die Autobahn verließen, knackte das Autoradio. Der Empfang war gestört. Ich ließ den automatischen Suchlauf den nächstbesten Sender einstellen.
Ich hörte noch die letzten Worte des Moderators… „… *matters* von Metallica“ - und dann kam das Lied „ Nothing else matters“ - genau in der seltenen Version mit dem Symphonie Orchester, welches auf der Beisetzungsfeier von meinen Lieben in der Kirche gespielt wurde. Ich habe diese Version vorher noch nie im Radio gehört. Ich schaute rechts zu Felix rüber und wir sahen uns in die Augen. Dann schob er seine Hand in meine und flüsterte: „Mama, Papa und Annika fahren auch mit nach Norderney! Ich wusste es doch!“
In den nächsten zehn Tagen war es oft, als wären wir nicht zu zweit, sondern zu viert auf der Insel. Es gab unzählige Augenblicke, in denen ich von der Liebe von Michael und Annika erfüllt war. Ich schlief mit Felix zusammen im großen Ehebett. Eines Morgens öffnete ich die Vorhänge und wir ließen die frische Nordseeluft in unser Zimmer. Direkt vor unserem Fenster auf der Höhe der Fensterbank schloss sich gleich ein Flachdach an. Ich legte mich wieder zu Felix ins Bett und wir dösten noch ein wenig vor uns hin. Da bemerkte ich auf dem Flachdach vor dem Fenster zwei Möwen, die in unser Appartement sahen. Eine Möwe stolzierte auf einem Bein und breitete ihre Flügel aus. Es sah aus, als würde sie einen Tanz veranstalten. Ich schaute zu Felix und wir beide dachten das Gleiche: Diese Möwen brachten uns Grüße von unseren Lieben.

Die tänzelnde Möwe symbolisierte dabei unsere begeisterte Tänzerin Annika. Einen schöneren Gutenmorgengruß hätten wir uns nicht wünschen können, und jeden Morgen sahen wir die zwei Möwen dort vor unserem Fenster.
Wir hatten großes Glück mit dem Wetter. Nach dem langen kalten Winter verwöhnte uns die wärmende Frühlingssonne und wir verbrachten viel Zeit am Strand. Wir konnten diesen Urlaub sehr genießen, verbunden mit unseren Lieben - auf eine besondere Art und Weise.

Need for Speed

Auch Felix hatte mittlerweile ein feines Gespür für Zeichen von Micha und Annika entwickelt.
An einem Nachmittag spielte er bei uns im Wohnzimmer mit einem Freund an der Playstation das Spiel *Need for Speed.* Das ist ein Autorennspiel, bei dem man neben gefährlichen Straßenrennen auch als Spieler sein eigenes Auto ganz nach seinen Wünschen erschaffen kann, um gegen Gegner aller Klassen antreten zu können.
Auch Annika hatte früher das Spiel gerne gespielt. Sie mochte besonders das Designen eines coolen Fahrzeuges.
Jetzt wollte Felix mit seinem Freund dieses Spiel spielen, und da hatte er die Idee, mit Annikas gespeicherter „Karriere“ weiterzuspielen.
Er schaute sich den Fuhrpark in ihrer „Garage“ an.
In diesem Moment hörte er ein Knackgeräusch, das ihn eindeutig an Annika erinnerte.
Sie hatte stets die Angewohnheit gehabt, mit ihren langen Fingernägeln zu knacken. Auch sein Freund konnte diese Geräusche hören. Als ich vom Einkaufen nach Hause kam, erzählten mir beide ganz aufgeregt davon.
Felix wollte Annikas Auto umstylen und sagte ihr: "Wenn ich meinen Vorschlag in die Tat umsetzen soll, dann klicke einmal - das bedeutet JA, und wenn es dir nicht gefällt, dann klicke zweimal - für ein NEIN." Und so begleitete Annika Felix beim Umstylen Schritt für Schritt, und durch das Klicken wusste Felix, was für Veränderungen Annika sich wünschte.
Auf diese Art und Weise entstand ein Auto ganz nach Annikas Geschmack ... in himmelblau, mit einem großen Tiger verziert ...

Papas Fußballschuhe

Schon lange liebäugelte Felix mit Papas Fußballschuhen. Wir hatten von Micha noch ein nagelneues Paar richtig coole, extrem teure Fußballschuhe im Keller.
Vor unserem Unfall spielte Felix im Fußballverein, aber im Laufe der Zeit hatte er dazu keine Lust mehr und er bat mich, ihn abzumelden. Anfangs kämpfte Felix gegen sein schlechtes Gewissen an, ob Papa mit dieser Entscheidung wohl einverstanden wäre. Durch ein klärendes Gespräch, in dem ich ihm versichern konnte, dass sein Papa einfach nur gewollt hätte, dass er glücklich ist, kam er damit klar.
Obwohl Felix nicht mehr im Verein ist, trifft er sich noch regelmäßig mit seinen Freunden auf dem Bolzplatz, um gemeinsam zu kicken.
Eines Tages schnappte er sich Michas Schuhe und probierte sie an. Es fehlte noch eine Schuhgröße, bis er die ersehnten Schuhe tragen konnte, aber Felix versicherte mir, dass sie eigentlich schon prima passen würden.
Ich erlaubte ihm, die Schuhe zu tragen, und Felix machte sich stolz auf den Weg zum Bolzplatz.
Als wir nach seiner Rückkehr abends gemütlich zusammensaßen, erzählte er mir Folgendes:
„Ein Freund von mir hatte heute seinen iPod mit Boxen zum Bolzplatz mitgenommen. Gerade als ich Papas Schuhe anzog und die Schnürsenkel zuband, kam aus den Boxen „Nothing else matters“ von Metallica. Da wusste ich gleich, dass Papa auch einverstanden war, dass ich seine Fußballschuhe nun trage.“

Vor unserem Unfall habe ich mich weder großartig mit dem Tod auseinandergesetzt, noch habe ich mir jemals darüber Gedanken gemacht, wie ich damit umgehen würde, wenn einer meiner Angehörigen sterben würde. Ich bin sicher, hätte ich vorher von meinem Schicksal gewusst, hätte ich gesagt, dass ich dann niemals weiterleben könnte.
Meine Überlebensstrategie sah in der allerersten Zeit nach dem Unfall wie folgt aus: Ich schaute nicht auf das, was ich verloren hatte, sondern immer auf das, was noch da war. Und ich hielt mich daran fest wie an einem Strohhalm, der mein Überleben sicherte.
Ich war seit jeher ein positiv denkender Mensch und so schaue ich auch heute immer auf die kleinen, guten Dinge.
Ich habe angefangen, mich mit dem Tod und der Endlichkeit des eigenen Lebens zu befassen.

Ich las unzählige Bücher über Nahtoderfahrungen, Lebenshilfebücher, spirituelle Bücher. Je mehr ich lese, desto größer wird meine Gewissheit, dass es einen Grund dafür geben muss, dass ich diesen Schicksalsschlag erleiden musste.
Ich konnte ihn anfangs nicht sehen, aber je mehr Zeit ins Land zieht, desto mehr begreife ich, dass alles, was in meinem Leben passiert, dazu beiträgt, dass ich mich entwickele, dass ich daran stärker werde. Viele Dinge, die früher für mich selbstverständlich waren, nehme ich heute mit Dankbarkeit an. Ich lebe mein Leben bewusster, und ich kann sagen, dass ich ein gutes Leben führe.
Die besonders nahen Momente mit meinen Engeln erfahre ich am häufigsten bei ausgedehnten Spaziergängen mit unserem Hund. Ich habe sehr oft das Gefühl, dass mich beide begleiten.
Ich spreche mit ihnen in meinen Gedanken. Dieser innere Dialog hat mir schon sehr viele Antworten auf meine Fragen gegeben. Ich bin mir sicher, dass die beiden mir sehr nah sind und wir nur scheinbar getrennte Wege gehen.

Claudia F.

Claudia E. und Corinna E.

Claudia
*19.07.1971 +19.09.1971

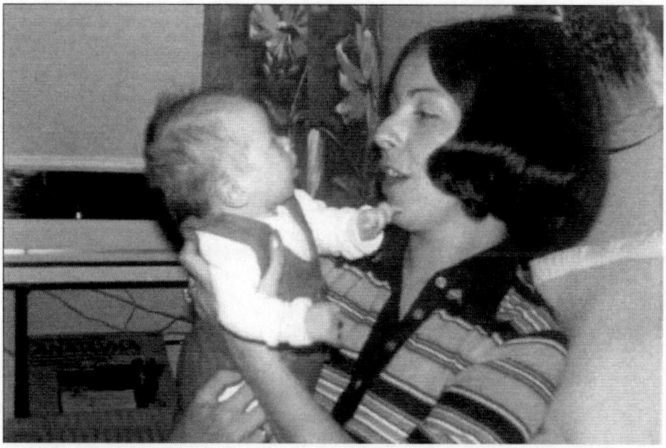

Corinna
*06.07.1974 +12.12.2009

Ich habe wohl das Schlimmste in meinem Leben erlebt, was man erleben kann, ich habe zwei wunderbare Kinder verloren.

Wir waren gerade ein Jahr verheiratet, als sich Nachwuchs ankündigte. Wir waren überglücklich und planten unser Leben neu - wir hatten eigentlich vor, nach Los Angeles umzuziehen.

Dann kam unser Sonnenschein auf die Welt, kerngesund und wunderschön, wir waren überglücklich. Zwei Monate nur dauerte unser kurzes Glück, dann klebte man Claudia ein Nabelpflaster und wie erst bei der Obduktion festgestellt wurde, hatte das Pflaster die Därme zusammengeklebt. Claudia starb an einem Darmverschluss.

Das Rotkehlchen

Als Claudia gestorben war und ich sie auf dem Friedhof besuchte, sah ich dort jedes Mal ein Rotkehlchen. Dies hüpfte auf dem Grab herum und zeigte keinerlei Angst. Als ich dann neue Blumen pflanzte, war es immer an meiner Seite, ich habe mit ihm gesprochen und es drehte den Kopf, als würde es mir zuhören.

Dann kam der Winter und ich habe es nicht mehr gesehen, aber sofort im Frühjahr war unser Rotkehlchen wieder da. Aber immer nur bei mir, wenn meine Eltern am Grab waren, war es nicht zu sehen.

Wir haben dann bei der Friedhofsverwaltung einen Antrag gestellt, um ein Vogelhäuschen aufstellen zu dürfen, was auch genehmigt wurde. Das Rotkehlchen hat uns sechs Jahre begleitet.

Corinna

Zwei Jahre nach Claudias Tod bekam ich noch eine kleine Tochter, Bettina.

Als dann Corinna auf die Welt kam, sah sie genau so aus wie unsere Claudia - und es war für mich ein Albtraum, bis die ersten zwei Monate (Claudia verstarb mit zwei Monaten) vorüber waren, weil ich Vergleiche zog. Corinna sagte immer zu mir: „Mami, wenn Claudi noch leben würde, wäre ich nicht da“, weil ich einmal erzählt hatte, dass wir nur zwei Kinder haben wollten.
Corinna war ein kleiner Frechdachs, aber sie hat uns viel Freude bereitet. Dann stellte man bei ihr einen bösartigen Gehirntumor fest. Lebenserwartung: sechs Monate!!!
Sterbehospiz? – Nein! Ich habe sie zu mir nach Hause geholt, das Haus umgebaut und wir waren Tag und Nacht für sie da. Wir haben zusammen neun lange Jahre gekämpft - sie war von der ersten OP an rechtsseitig gelähmt und saß im Rollstuhl - hat weitergekämpft und doch verloren.

Die Sternschnuppen

Wir leben zeitweise in Spanien und Corinna war auch dort immer mit dabei.

Bei meinem letzten Spanienaufenthalt hatte ich ein unschönes Erlebnis und kam sehr traurig nach Hause. Ich habe mich auf die Terrasse gesetzt und in einen wunderschönen Sternenhimmel geschaut und fürchterlich geweint, ich konnte einfach nicht aufhören.

Obwohl ich schon so alt bin, habe ich noch niemals eine Sternschnuppe gesehen, aber durch meine vielen Tränen hindurch sah ich nun eine und traute meinen Augen nicht. Ich spürte meine Corinna und hörte sie sagen: „Ich bin bei dir.“ Dann fiel noch eine Sternschnuppe und ich fühlte mich von meinem Kind getröstet.

Mein Traum von Alena

Andreas und Andrea - die Eltern von Alena - habe ich in der facebook-Gruppe verwaister Eltern im Internet kennengelernt und inzwischen kenne ich sie auch persönlich. Alena war mir von dem Moment an, als ich ein erstes Bild von ihr sah, vertraut und wahnsinnig nahe. Eines Nachts habe ich von Alena geträumt. Alena war mit Andrea zur REHA, wo ich auch war … ich war scheinbar alleine dort (ohne Corinna) und Alena kam immer zu mir und spielte mit mir und biss mir immer in den großen Zeh. Plötzlich kam Alena und weinte und ich fragte sie, warum sie weint. Sie hatte ein rosa Kleidchen an und dieses war total verkleckert. Alena sagte, sie müsse nach Hause und sie wolle sich verabschieden. Als ich sie nach dem WARUM fragte, bekam ich zur Antwort: „Weil ich hier immer so viel Milchkaffee trinken muss." Sie gab mir einen Kuss, biss mir noch einmal in den Zeh und weg war sie.

Renate E.

Daniel D.

*01.12.1997 +06.05.2010

Daniel wurde am 1. Dezember 1997 um 4.41 Uhr in Dormagen geboren.

Er war unser drittes Kind, aber das erste gemeinsame und vor allem Papas erster Sohn.

Von mir hat er nicht viel mitbekommen. Er war Papa wie aus dem Gesicht geschnitten und unser Sonnenschein. Nicht, dass man glaubt, er hätte uns keine Probleme bereitet, aber mit seinem Charme und seinem Lächeln hat er alles ausgebügelt.

Am 29.12.1998 hat er sich so fürchterlich an den Händen verbrannt, dass es wirklich schon gefährlich war. Ich erwähne das, weil der 29.12. leider später noch einmal aktuell werden sollte.

Sonst entwickelte sich unser Rabauke bestens. Zwei Jahre und sechs Monate später wurde sein kleiner Bruder geboren und wir waren komplett.

Daniel zeichnete sich durch seine Hilfsbereitschaft und sein Interesse an sozialen Projekten in allen Lebensjahren aus. Er sorgte nie nur für sich, sondern hatte immer seine ganze Familie im Blick.

Im Kindergarten, in der Grundschule und auch auf der Gesamtschule war er ein sehr beliebter Klassenkamerad und Schüler. Bei Daniel wurde LRS festgestellt, deshalb hat er selten geschrieben. Dafür konnte er einen mit seinen Worten sowas von einwickeln.

Früher hat mich das manches Mal verrückt gemacht, dass er kein Ende in seinen Diskussionen kannte. Bis ich dann böse wurde und klar „stopp" gesagt habe. Wie gern würde ich heute mit ihm diskutieren. Daniel war als einziger Zweitklässler in einer Schauspielgruppe und führte ein Stück in der Kölner Oper auf. Er war ein Sportler durch und durch und wollte mir und seinem Papa immer das Rauchen abgewöhnen. „Ich bin doch noch so klein und brauch euch noch lange", hat er immer gesagt.

Ja und das Beste, was ihm geglückt ist, war der Kijubei, der Kinder- und Jugend-Beirat des Kinderhilfswerks in Berlin. Er gehörte zu den zwölf Glücklichen, die aus ganz Deutschland gewählt wurden. Es war sein Lebenstraum, für die Rechte der Kinder einzutreten und allen Kindern ein gutes Leben zu ermöglichen. So vergingen 12 aufregende, und ich glaube, glückliche Jahre.

Bis zum 29.12.2009! Da kam die Diagnose ALL.

Daniel war in seiner Kindheit nie ernsthaft krank, außer den üblichen Kratzern und einer Augenverletzung, die aber auch glimpflich verlief. Im Oktober 2009 zeigten sich die ersten Anzeichen einer ernsten Erkrankung, die aber niemand erkannte.

Und dann war es kurz vor zwölf, er wurde am 29. Dezember mit 927.000 Leukozyten auf der Kinderonkologie aufgenommen. Wie wir später erfuhren, hatten die Ärzte zu diesem Zeitpunkt keine große Hoffnung, unser Kind ins neue Jahr zu bekommen.

Keine sechs Wochen später hatte er sie eines Besseren belehrt. Am 2. Februar 2010 war Daniel in Vollremission und spielte schon wieder Fußball. Das hatten sie noch nie erlebt. Dazu kam noch, dass sein jüngerer Bruder 100 % Stammzellenspender gewesen wäre. Die Ärzte waren somit optimistisch und wir natürlich auch. Daniel meinte nur: „Alles klar. Das bisschen Therapie, Chemo und Bestrahlung sitz ich auf einer Pobacke ab. Also macht voran, ich möchte 2011 mit dem Kijubei nach New York.“ Es kam aber dann alles ganz anders. Am 6. Mai 2010 hörte Daniels Herz um 18.55 Uhr auf zu schlagen! Und das, nachdem alle Intensivmediziner uns noch am 4. Mai versichert hatten, alles sei im grünen Bereich. Zwar nicht gut, aber das hätten sie im Griff und alles käme wieder in Ordnung: „Machen Sie sich keine Sorgen!“ Daniel war 12 Jahre, fünf Monate und fünf Tage als er zu den Sternen reiste.

Daniels Grüße und Zeichen

Ich, seine Mama, bin ein Mensch, der alles hinterfragt und war in der Beziehung, was Zeichen betrifft, sehr ungläubig. Habe diese auch lange nicht wahrgenommen, weil ich einfach nur dachte, ich möchte das jetzt wohl glauben!

Heute nehme ich sie bewusst wahr und freue mich, so einen Gruß von meinem Daniel zu erhalten. Ich habe aber auch festgestellt, je mehr ich darauf warte und krampfhaft versuche, etwas zu spüren, klappt es bei mir nicht. So, als ob Daniel sagen würde, na dann warte mal schön.
Also heißt es für mich Augen und Ohren offen halten und dann kommt auch etwas von Daniel.

Das erste Zeichen liegt noch in seiner Krankenhauszeit. Am 1. April 2010 musste Daniel wieder stationär ins Krankenhaus zur Chemo. Geplant waren maximal drei Tage Aufenthalt. Wir fuhren morgens mit dem Taxi dorthin. Unser Taxifahrer, immer derselbe, hatte wie immer Radio an.
Dann kam das Lied „Geboren um zu leben“ von Unheilig.

Es wurde ganz still im Auto!

Ich kannte Unheilig bis zu diesem Moment überhaupt nicht und wie ich hinterher erfuhr, war seine Musik nicht wirklich meine. Bis zu diesem Lied.

So fuhr ich ab dem 2. April jeden Morgen in die Klinik und irgendwann am Tag wieder nach Hause. Immer zu unterschiedlichen Zeiten. Aber egal, wann ich im Auto saß, dieses Lied wurde immer wieder gespielt. Und zwar auf dem Hinweg, genauso wie auf dem Heimweg, und es waren nur 20 Minuten Fahrzeit. Die ersten Tage dachte ich mir nicht viel dabei, weil es ja neu rausgekommen war, aber mit der Zeit bekam ich ein komisches Gefühl.

Als Daniel am 17. April in ein künstliches Koma gelegt worden war, wurde es noch heftiger. Egal wo ich mich aufhielt, zuhause, beim Einkaufen, im Auto! So oft hab ich noch nie einen Musiktitel gehört. Ich hörte das Lied am 6. Mai 2010 auf dem Heimweg erstmal das letzte Mal. Und das Radio lief bei uns ständig - auch im Auto, aber es wurde nicht mehr gespielt.

Mittlerweile hatte ich die Musik ausgesucht, die auf der Trauerfeier gespielt werden sollte - und diese wurde auf CD gebrannt. Es sollten drei Lieder sein:
„Abschied nehmen" von seinen Klassenkameraden, „Glashaus" von seiner Schwester und „Möge uns die Straße zusammenführen" von der Grundschule.

Die CD war fertig und ich sollte sie hören, es waren vier Lieder drauf. Fragt mich nicht wie „Geboren um zu leben" darauf kam, aber es war da!

Nach der Trauerfeier hörte ich es nur noch, wenn ich unterwegs war, um irgendetwas für Daniel zu erledigen, oder wenn ich mal wieder auf dem Weg zur Klinik war.

Dann kamen in unserer Familie zwei Hochzeiten. Ich war im Begriff telefonisch abzusagen, hatte meinen Neffen und mein Patenkind (Daniels Patentante) schon an der Strippe, und was wurde gespielt? Das Lied! Hab mir noch mal Bedenkzeit erbeten und ein paar Tage später den nächsten Versuch der Absage gestartet. Immer dasselbe, ich will absagen, und es wird gespielt. Also gut, dachte ich, Daniel möchte, dass ich hingehe und so soll es auch sein.

Erzählt habe ich keinem davon, ich dachte ja auch noch immer, ich bilde mir das nur ein. Am Tag der Hochzeit meines Patenkindes, wir fuhren auf der Autobahn … ja, da kam mein Lied! Meine Verbindung zu Daniel - „Geboren um zu leben".
Mein Mann, der mich teilweise für verrückt erklärt hatte, fuhr rechts ran und hielt das Auto an.

Endlich, nach über einem Jahr, konnten wir zusammen reden und weinen um unser Kind. Er war nun auch überzeugt, da steckt unser Daniel dahinter. Er möchte uns zeigen, geht ruhig dahin, ich bin dabei.

Das war für mich der eigentliche Beweis, dass Daniel sich bei mir so meldet.

Auch heute noch, wenn es um Treffen im Elternhaus, Treffen unserer Gruppe von Leben ohne Dich (Lod) oder irgendetwas, was Daniel betrifft, geht, teilt er sich mir so mit.

Das zweite Zeichen, das ich erzählen möchte, ließ dann noch mal einige Zeit auf sich warten. Daniels erster Sternengeburtstag nahte. Mir ging es dementsprechend bescheiden. Wie begeht man einen Sternengeburtstag? Lädt man ein, kommt überhaupt jemand, was mach ich bloß? Die letzten Tage vor dem 1. Dez. 2011 waren grausam. Keiner reagierte, die liebe Familie hüllte sich in Schweigen! Angeblich gute Freunde hatten keine Zeit! Okay, da muss man durch, die Spreu trennt sich vom Weizen.

Dann kam der 1. Dezember. Ich muss erwähnen, dass es mit dem Schlafen seit Daniels Sternenreise nicht mehr so gut klappt. Ich hatte auch schon länger kein Zeichen mehr von ihm bekommen und war sehr unruhig. Laut Daniels Papa schlief ich aber in dieser Nacht so ruhig wie lange nicht mehr. Bis ich auf einmal kerzengerade im Bett saß! Von jetzt auf eben war ich hellwach. Ich konnte mich erinnern, dass ich durch Babyweinen wach geworden war. Mein erster Blick beim Augenaufschlagen geht immer Richtung Uhr.

1. Dezember, 4.41 Uhr. Und dann war mir alles klar. Daniel wurde am 1. Dezember um 4.41 Uhr geboren und hat seine Stimme jeden im Kreißsaal hören lassen. Er hat mich wissen lassen, Mama ich bin da.

Und so bin ich heute davon überzeugt, mein Kind ist zwar nicht mehr im realen Leben bei mir, aber er ist überall bei mir, wenn ich ihn ganz nötig habe und nicht mehr weiter weiß.

Ein kleines Zeichen möchte ich noch erwähnen. Ich muss immer schmunzeln, wenn ich es erhalte. Weil es ein Zeichen ist, wie soll ich es nennen, ich kann es praktisch herbeiwünschen. Und das Schönste ist, wenn Daniel dann immer ein wenig mit mir zankt, oder Gas gibt, sobald er merkt, dass Mama jetzt nicht zu Späßen aufgelegt ist. Dazu muss ich erzählen, dass meine Spülmaschine schon ein etwas älteres Modell ist und mit den neumodischen Tabs nicht so wirklich klarkommt. Daniel ist der Einzige in unserer Familie, der die Tabs einlegen und das Fach schließen konnte. Warum, wieso, weshalb - ich weiß es nicht. Früher lachten wir alle, wenn wieder mein Ruf durch Haus hallte „Daniel Spülmaschine bitte." Clever, wie er nun einmal war, hat er das natürlich für sich ausgehandelt. „Ich räum ein und schmeiß sie an, da ich ja der Einzige bin, der dazu in der Lage ist. Aber mit dem Rest hab ich nichts zu tun."

Heute ist es so, ich probier, nichts geht. Einmal, zweimal dann werd ich langsam zickig und denke laut „Daniel nun mach schon." Habe mich auch schon ertappt, dass ich laut rief: „Daniel Spülmaschine bitte."

Es klappt fast immer. Zwischendurch meint Daniel dann, bevor Mama die Maschine anstellt, die Klappe ist schon zu, lass ich den Tab noch einmal aus der Kammer fallen. Also dasselbe noch einmal aufs Neue. Meistens klappt es, vor allem immer, wenn es mir bescheiden geht. Und manche Tage, wenn es mir gut geht, macht er seine Spiele mit mir. Es funktioniert übrigens nur bei mir. Der Rest meiner Familie bekommt bis heute das Fach fürs Pulver oder Tab nicht geschlossen.

Gedanken nach Daniels Sternenreise

Seit dem 6. Mai 2010 ist alles anders. Ich weiß manches Mal nicht mehr, wer ich eigentlich bin - und vor allem, was ich hier noch soll.

Die Frage „Warum?" bestimmt häufig meine Tage und Nächte.

Leider musste auch ich erfahren, dass Familie und Freunde, meine Veränderung und die Trauer um Daniel, nicht verstehen oder ertragen konnten.

Es ist still geworden bei uns. Feiertage, Geburtstage und sonstige Feste sind für mich schlecht zu ertragen. Gelernt habe ich, mich zu trennen von Unwichtigem und auch von etlichen Freunden.

Nichtigkeiten, worüber man sich früher aufgeregt hat, gehen heute spurlos an mir vorüber. Ich weiß, dass ich mit meinen Kräften haushalten muss, um meine Aufgaben, die ich hier auf Erden noch zu erledigen habe, gut hinzubekommen, immer in der Hoffnung, irgendwann meinen Daniel endlich wieder zu sehen und ihn in die Arme nehmen zu können.

Bis dahin möchte ich Dir, meinem kleinen großen Strahlemann Daniel sagen: „Ich hab Dich so unendlich lieb und vermisse Dich mit jedem Atemzug."
Deine Mama

Ingrid D.

Daniel H.

*23.05.1984 +06.05.2010

Nach einem Motorradunfall am 23.04.2010 lag Daniel noch 13 Tage im künstlichen Koma. Er hatte schwere innere Verletzungen und bekam bereits bei der ersten Operation 45 Konserven Blut, aber die Blutungen konnten nicht gestillt werden. Aufgrund diverser Quetschungen wurden ihm eine Niere, die Galle und ein Stück der Leber entfernt. Die Aorta war angerissen und er musste jeden zweiten Tag in den OP. Die Blutungen versuchten die Ärzte mit Tüchern zu stillen, die im Bauchraum blieben. Sie mussten aber wieder entfernt werden, da sonst die Gefahr bestand, dass die Organe aufhörten zu arbeiten und dadurch weitere Schäden entstanden. Da auch die zweite Niere aussetzte, musste Daniel an die Dialyse angeschlossen werden, die dann die Funktion der Niere übernahm. Die Ärzte sagten, dass die Niere durch die vielen Medikamente aufgehört hatte zu arbeiten, aber wahrscheinlich nach einer Ruhepause wieder ihre Arbeit tun wird. Als dann auch noch die Leber nicht mehr genug arbeitete um die Giftstoffe zu filtern, wurde Dani in eine Spezialklinik nach Frankfurt geflogen. Doch auch die dortigen Leberspezialisten sagten uns: „Alle, die hier herkommen, sehen uns normalerweise noch an." Wir hatten so eine

Hoffnung in diese Klinik gesetzt, aber sie konnten unserem Daniel nicht mehr helfen.

So mussten wir miterleben, wie die Leber den Körper nicht mehr von Giftstoffen befreien konnte, seine Haut beim Streicheln lange weiß blieb. Wir saßen an seinem Bett wie jeden Tag, streichelten, küssten und redeten mit unserem Großen, bis sein Herz aufhörte zu schlagen ...

Danke Dani, dass Du bei uns warst, du hast unser
Leben glücklich gemacht und jede Sekunde bereichert.
Wir wollten den Weg gemeinsam gehen mit dir,
jetzt blutet unser Herz, wir vermissen dich so sehr.

Daniel liebte die schönen Vögel in der Vogelvoliere sehr, bei der ich, seitdem er gegangen ist, sehr oft sitze. Sie steht vor der Bank direkt unter einem Birnbaum. Hier saß ich auch im Sommer 2010. Sehr warm und stickig war der Tag, mein Herz blutete so sehr, dass ich weinte und weinte. Ich weinte und konnte mich nicht beruhigen. Ich sagte dabei immer wieder: „Oh Dani, ich kann doch nicht ohne dich leben. Bitte, du musst doch wieder zu mir kommen." Da sah ich aus den Augenwinkeln dicht neben mir etwas vom Baum tropfen. Ich sah genauer hin. Es tropfte immer und immer wieder eine Flüssigkeit ins Gras. Es war aber so trocken, der Baum trug noch keine Früchte - und Harz war es auch nicht. Ich hielt meine Hand dort hin, wo es tropfte und fasste ins Gras, aber es war trocken. Es ging noch eine ganze Weile so weiter, immer und immer wieder fielen ein paar Tropfen. Da schoss es mir wie ein Blitz durch den Kopf: Dani! Dann sagte ich: „Dani, bist Du das?" Es hörte sofort auf. Ich saß da wie angewurzelt und dachte: „Das glaubt mir keiner." Darum behielt ich es bis jetzt für mich.

Mein Engel, ich vermisse dich so sehr.

D er Engel, der immer in unseren Herzen weiter lebt.
A lles war so schön mit Dir, Du fehlst uns so sehr.
N ie werden wir Dich nur eine Sekunde vergessen.
I ch werde leben, so lange ich einen Platz in euren Herzen habe.
E in Stern, der jetzt Deinen Namen trägt.
L ieber Dani, danke, dass wir Dich bei uns haben durften.

Noch ein Zeichen von Daniel ... Es war im Frühling 2011. Ich war allein im Haus, das mochte ich gar nicht sein, mein Herz tat so weh. Ich weinte und sah mir Bilder von meinem Großen an: Was für ein hübscher junger Mann, nein es kann doch nicht sein, warum mein Dani? Die Tränen flossen wie Bäche über meine Wangen. Ich sagte immer wieder: „Dani, ich vermisse dich so sehr. Ein Wort von dir, eine Umarmung, dein Lächeln und deine liebe ruhige Art - ich sehne mich so sehr danach. Jeder Tag mit dir war ein riesiges Geschenk, wir wollten doch noch so viel mit dir erleben." So redete ich und jammerte vor mich hin. Ich rief nach Dani: „Wo bist du? Bitte, bitte komm her, ich vermisse dich so sehr." Dann hörte ich plötzlich ein Geräusch. Ich verstummte und mochte keine Luft holen, ein Geräusch, ein Laufen, die Schranktür klapperte. Das hatte ich schon so viele Male gehört, als er noch lebte, denn es kam aus Daniels Zimmer direkt über mir. Ich lauschte, mein Herz schlug wie irre, da, jetzt wieder Schritte, dann Ruhe ... Ich raste die Treppe hoch – schrie: „Dani, bist Du da?!" Alles war still. Daniel ist tot, er ist tot! Werde ich jetzt verrückt?

Dein Stern strahlt hell und klar am Himmel,
funkelt und blitzt in dem Gewimmel.
Der Engel, der da drauf wohnt, bist Du,
Daniel wir lieben dich so sehr.

Kurz vor dem Winter 2011 kaufte ich Heide und Gestecke, um
das Grab für die kalte Winterzeit vorzubereiten. Ich nahm die Engel, die Lampe, die Blumen - und zum Schluss ein Herz von der Grabstelle. Dabei fand ich etwas Wunderschönes! Unter einem Stein kam etwas Grünes mit Blättern zum Vorschein. Ich dachte erst: „Unkraut." Aber es sah mehr aus wie ein kleines Bäumchen, noch sehr unterentwickelt, sprickig und es hatte kaum Blätter. Ich nahm es mit einer Schaufel heraus und sah, es war eine Walnuss, die ausgetrieben hatte. Aber hier gibt es im ganzen Dorf

keinen Walnussbaum, wo kam sie her? Ich setzte sie in einen Topf mit Erde und nahm sie mit nach Hause.

Ich überlegte hin und her, wie kam sie dahin, auf Daniels Grab? Da fiel mir ein, dass ich auf dem Friedhof ein Eichhörnchen gesehen hatte, welches hier noch nie zuvor gewesen war. Es gab hier sonst keine Eichhörnchen! Es war neu auf dem Friedhof, es sprang jetzt oft in dem Baum neben Daniels Grab herum. Es wird die Nuss - woher auch immer – unter dem Herzen am Grabstein versteckt haben.

Und die Nuss ergriff die Chance, Wurzeln zu bilden und auszutreiben, damit sie einmal ein Baum werden kann.
Jetzt steht er am Fenster und ich warte jeden Tag darauf, dass sich ein Blatt zeigt - und dann werde ich den Walnussbaum auf Daniels Grab stellen. Jetzt ist das spärliche Grün noch weit davon entfernt, ein Baum zu sein.

Wir haben dich so lieb,
aber auch diese starke
Liebe bringt dich nicht
zurück zu uns.
Wir können es nicht begreifen, dass wir ohne dich den Weg gehen müssen.....

Im Frühjahr 2012 putzte ich unsere Wohnung. Die Arbeit ging mir nicht von der Hand und meine Tränen, die den ganzen Vormittag liefen, versiegten nicht. Ich dachte so sehr an meinen Dani, ich vermisste ihn so sehr! Wie schön war es doch gewesen, als er noch bei uns war, wie glücklich waren wir mit ihm. Er war so eine Bereicherung unseres Lebens und nun ist er im Himmel, ich kann es nicht verschmerzen. Als ich mit dem Hausputz endlich fertig war, musste ich mich umziehen, weil ich Spätschicht hatte. Zuvor ging ich noch einmal ins Bad, um mich frisch zu machen. Als ich gerade den Wasserhahn aufdrehen wollte, sah ich ein Haar im Waschbecken, kurz und ganz dunkel. Da wir alle dunkle, wenn auch lange Haare haben, wäre es generell nichts Auffälliges gewesen. Das Wunder war, dass es zu einem Buchstaben geformt war: ein D..... Ganz deutlich ein D - wie Daniel! Aber wie war es dorthin gekommen?

Und dann auch noch so eindeutig zu einem D geformt? Nach meiner Putzerei hatte niemand das Bad betreten – keiner!

„Wenn wir an dich denken,
ist es, als hätte der Himmel die Erde geküsst,
weil Du in unseren Herzen immer bei uns bist."
nach Joseph Eichendorff

Birgit H.

Daniel W.

*12.12.1986 +23.02.2010

Daniel, unser Wunschkind, wurde am 12.12.1986 um 8.15 Uhr per Notkaiserschnitt in der 36. Woche geboren. Es war alles in Ordnung. Daniel ging es gut und ich habe alle Schmerzen und all meine Ängste verloren, als ich ihn im Arm hatte. Mein Sohn war da und er war gesund.

Daniel war ein kleiner Strahlemann, immer gut gelaunt, immer freundlich und hilfsbereit. Das hat sich auch nicht geändert, als er erwachsen war. Er hatte gute Freunde. Alle mochten ihn und ich als Mutti hatte nie Probleme mit ihm. Wenn er eine Freundin hatte, liebte er mit weitem Herzen und mit all seiner Liebe, die er geben konnte. Diese Art zu lieben und die Enttäuschungen, die kamen, haben ihm dann den Mut am Leben genommen.

Bis heute verstehe ich nicht:
Warum hast du nicht gesagt, dass es dir schlecht geht?
Warum bist du nicht zu mir gekommen?
Warum konntest du nicht weiterleben?
Warum hast du uns alle so alleine gelassen?
Weil du alleine warst mit deinen Gefühlen?
Weil du dachtest, keiner kann dir helfen?

Fragen ohne Antworten.

Der 23.02.2010 war bis zum Anruf deines Bruders ein ganz normaler Tag.

Für uns ja, für dich nicht, denn das war der Tag, an dem du nicht mehr leben wolltest.

Du warst während der Schwangerschaft gefährdet, deinen ersten Geburtstag hast du gerade so überlebt. Dann deine Vergiftung, weil du im Kindergarten etwas Falsches gegessen hast. Du hast das alles überlebt. Heute frage ich: „War da deine Lebensuhr schon abgelaufen? Die Uhr, die man bei seiner Geburt mitbekommt? Musstest du deswegen auf deine Art gehen?“

Und wieder Fragen ohne Antworten.

Du hast auf deiner Internetseite einen Eintrag gemacht, den ich gelesen und beantwortet habe. Von der Polizei habe ich dann deinen Todeszeitpunkt erfahren. Meine Antwort kam zu spät, meine Anrufe auf deinem Handy konntest du nicht mehr hören. ... Du warst da schon nicht mehr am Leben.

Die kleine weiße Blume

Wir mussten uns dann um all die Dinge kümmern, von denen wir nie dachten, sie einmal tun zu müssen. Kriminalpolizei, Beerdigungsinstitut - und auf dem Friedhof ein Grab finden. Ich wollte nicht auf den Friedhof. Es war, als wenn eine Mauer am Eingang stand und ich dort nicht weiter gehen konnte. Als ich mich umgedreht habe, um wegzugehen, warst du an meiner Seite, hast mich an die Hand genommen und wir sind zusammen auf den Friedhof gegangen. Dort wurden uns verschiedene Grabstellen gezeigt. Dein Bruder wollte, dass du einen schönen, sonnigen Ort bekommst, weil du die Sonne so geliebt hast, und er hatte überall einen Einwand. Doch auf einmal blieb er stehen und sagte: „Hier soll Daniel seinen Garten bekommen." Es war Februar und dort blühte eine kleine weiße Blume. So haben wir deinen Garten gefunden, dank deiner Hilfe.

Der Kreis am Himmel

Am Tag deiner Beerdigung waren so viele Menschen da, die sich von dir verabschiedet haben. Dein Bruder hat weiße Luftballons besorgt, damit dir all deine Freunde noch einen Gruß zu deinem Stern schicken können. Er ist dann am Grab zusammengebrochen und weggelaufen, so stand ich dann alleine da und musste mich von dir verabschieden. Als er wiederkam, gab es keinen Ballon mehr für ihn und er hatte doch einen Stift mitgenommen, um dir noch seine Gedanken und Wünsche auf seinen Ballon zu schreiben.

Er war so verzweifelt und traurig, sodass wir am Nachmittag beschlossen, noch zwei große Herzballons zu kaufen, sie mit all unseren Gedanken und Gefühlen zu beschreiben und sie im Garten steigen zu lassen.

Als wir all unsere Gedanken, Wünsche und Gefühle darauf geschrieben hatten, sind wir in den Garten gegangen, um die Ballons steigen zu lassen. Ich habe meinen Ballon zuerst losgelassen und was dann geschah, war unglaublich.

Mein Ballon wollte nicht steigen, er taumelte über dem Garten und dann über dem Hausdach. Ich dachte nur: „Oh nein, bitte steig und fall nicht hinter dem Haus auf die Straße." Dein Bruder hat den zweiten Ballon steigenlassen und auch der taumelte erst über dem Garten. Es war so traurig, dass es nicht so wirklich klappen wollte. Doch dann, als beide Ballons auf gleicher Höhe waren, haben sie sich in einen Steilflug nach oben gemacht, es sah so aus, als wenn der eine auf den anderen gewartet hätte.

Wir standen zu fünft im Garten und konnten es nicht verstehen, aber du hast uns dann noch gezeigt, dass du ganz nah bei uns bist. Die Ballons stiegen immer weiter und dort, wo sie fast nicht mehr zu sehen waren, entstand ein Kreis am Himmel. Ein Kreis rund um die Ballons, in einer Farbe, die ich bis heute nicht beschreiben kann. Zu fünft standen wir da und haben uns nur angeschaut und haben alle dasselbe gesagt: „Daniel hat uns gezeigt, dass er bei uns ist." Erst, als die Ballons nicht mehr zu sehen waren, verlief der Kreis nach außen wie Sonnenstrahlen. Daniel, ich danke dir für dieses Zeichen, ein Zeichen, das mir gezeigt hat, du bist ganz nah bei mir.

Die Feder am Strand

Als es auf deinen ersten Todestag zuging, war ich so traurig und zerrissen, dass es mir gesundheitlich sehr schlecht ging. Mir graute es vor den zehn Tagen, die ich das Jahr davor erleben musste, bis zu deiner Beerdigung.

Also haben wir uns gedacht, wir fahren weg, einfach ans Meer. Du weißt ja, ich mag das Gehen am Strand im Winter, wenn dort niemand ist. An einem Morgen bin ich mit Ben und Szepi, unseren Hunden, losgegangen und wollte nur alleine sein. Es war windig und es regnete leicht. Mit meinen Gedanken war ich bei dir und ich habe so geweint.

Du hast mir dann eine Feder geschickt, eine schöne weiße Feder mit grauem Rand. Na, wird man denken, Federn am Strand sind doch normal. Doch diese Feder war trotz des Windes und des Regens trocken. Sie wurde auch nicht an mir vorbei geweht. Nein, sie landete genau vor meinen Füßen und blieb dort liegen. Da wusste ich, du bist bei mir, egal wo ich bin.

Es gab und gibt immer noch kleine Zeichen von dir. Hier und da. Wenn ich an dich denke und glaube, ich schaffe es nicht mehr, kommt von dir ein kleiner Stupser, mit dem du mir zeigst, mach weiter, Mama, du bist auf dem richtigen Weg, oder ein kleines Zeichen, wenn ich denke, ich kann nicht mehr.

Daniel, du wirst immer bei mir sein, bis wir uns wiedersehen.

Ich liebe und vermisse dich.

Deine Mama

Ich soll dir auch von deinem Bruder danken für die kleinen Stupser, die du ihm gibst - und auch dafür, dass du auf ihn aufpasst. Er sagte die Tage mal zu mir: „Mama, Daniel passt auf mich auf, ich spüre ihn oft an meiner Seite."

Danke dir auch dafür, dass du auch jetzt noch, genau wie früher, für ihn da bist.

Du fehlst uns so. Danke, dass du 23 Jahre bei mir warst.

Monika B. A.

Daniela L.

*28.01.1989 +11.09.2006

Es war ein sonniger Samstag, als Daniela geboren wurde, sie zog gleich alle in ihren Bann. Als der Arzt mir sagte, dass sie das Down-Syndrom hat, dachte ich erst die Welt geht unter ..., aber sie und ihr Bruder waren das Beste, was mir passieren konnte. Sie hatte einen kompletten AV-Kanal und trotz OP stieg ihr Lungendruck von Jahr zu Jahr mehr an. Ich wusste, dass unsere Zeit begrenzt war und gerade deshalb versuchte ich, ihr Leben so schön wie möglich zu machen.

Ich hatte Horrorvorstellungen davon, wie es zu Ende gehen würde (die Ärzte sagten, sie wird ersticken - und man könne da nix machen). Als es so weit war, saßen wir an ihrem Bett. Als sie nach Luft schnappte, rannte ich voll Panik raus und wollte sie schnell an die Herz-Lungen-Maschine geben. Der Arzt redete immer auf mich ein, dass ich wieder rein soll, ich nahm ihn gar nicht wahr. Plötzlich wurde ich ganz ruhig. Ich ging zu ihr rein und nahm ihr den Sauerstoffschlauch raus (sie hasste den Sauerstoff). Ich nahm sie in den Arm, nahm ihre Hand und sagte zu ihr: „Geh mit deinem Timio mit (so nannte sie ihren Schutzengel), du brauchst nicht mehr zu kämpfen." Sie drückte meine Hand und dann spürte ich noch einen Herzschlag und sie war erlöst.

Der Sarg

Dann kam der Tag, an dem ich den Sarg aussuchen musste. Ich stand in einem Raum voll mit verschiedenen Särgen und wusste nicht, welchen ich nehmen sollte. Mein Exmann redete laufend auf mich ein. Ich solle den einen nehmen, der hätte goldene Griffe. Ich stand da und schaute mich um ..., dann plötzlich wurde es mir wieder so warm, als wäre Daniela da (ich bin sicher sie war da), als wenn sie sagen würde: „... Nimm diesen, Mama, und mal ihn mir an." ... Ich schaute den Bestatter an und fragte, ob ich den Sarg anmalen kann. Er schaute mich ganz verdutzt an und sagte dann: „Ja." So machten wir es dann auch. Jeder konnte seine Gedanken noch auf den Sarg schreiben. Es war wie ein Puzzle, alle Teile fügten sich. Der Pfarrer war im Urlaub und wir hatten einen freien Prediger, der die Beerdigung so machte, wie wir es wollten. Die Musik, die sie liebte, spielte - und auf dem Weg zum Grab hatten wir Bilder aus ihrem Leben aufgestellt.

Der Schmetterling

Wir waren fast jeden Tag in ihrer Lieblingseisdiele Lucia. Die Besitzerin sagte: „Als Daniela starb, flog ganz lange ein weißer Schmetterling umher – fünf Tage lang, das war sie :)."

Immer, wenn ich traurig und verzweifelt bin, bitte ich sie, mir ein Zeichen zu schicken und meistens bekomme ich es in Form von einem Regenbogen, einem wunderschönen Sonnenaufgang oder einem weißen Schmetterling.

Ich vermisse dich so sehr, meine Hexe, deine Lebensfreude, dein Lachen, deine mega Kopfhörer, einfach alles.

Das Tattoo

Weil wir nie getrennt waren, suchte ich nach ihrem Tod ganz verzweifelt nach einem Ausweg. Ich lief so durch die Straßen und plötzlich stand ich vor einem Tattoostudio. Ich ging rein und schaute mich um. Dann sah ich das Porträt, genau das war es ...! Ich hab mir gleich einen Termin geben lassen und auch die Anzahlung gemacht, ok, es sollte sechs Monate dauern und 350 Euro kosten, aber das war mir in dem Moment egal. Nach drei Wochen ging ich noch einmal hin, um die Bilder von Daniela abzugeben. Der Mann an der Anmeldung war ... mmh, sagen wir mal, gewöhnungsbedürftig. Er hatte an allem was auszusetzen. Ob ich mir das gut überlegt hätte, es bleibe ja ein Leben lang, usw.

Dann kam der Tag des Stechens immer näher. Ich bekam langsam Panik, weil ich erstens das Geld gar nicht hatte - und zweitens ging mir der Mann an der Anmeldung nicht mehr aus dem Kopf. War er wirklich Tätowierer? Er kam so arrogant rüber. Daniela hatte ja das Down–Syndrom, und ich denke, da ist es nicht leicht, das Porträt genau hinzubekommen. Ich war hin- und hergerissen und wollte alles wieder absagen.

Einen Tag, bevor das Tattoo gestochen werden sollte, kam der Postbote und brachte mir die Nebenkostenabrechnung. Oh mein Gott, dachte ich, jetzt entscheidet sich alles ... . Bevor ich den Brief aufgemacht habe, sagte ich: „Daniela, wenn du willst, dass ich das Tattoo mache, dann schick mir jetzt ein Zeichen.“ Langsam machte ich den Brief auf, mein Herz schlug mir bis zum Hals und dann ... RÜCKZAHLUNG! Genau 330 Euro!!!!!!. Das war es, ich ging am nächsten Tag zum Tattoostudio. Der Tätowierer kam ins Zimmer und ... es war ein ganz anderer, nicht der Mann von der Anmeldung. Er hatte den rechten Arm ab dem Ellenbogen amputiert. Er fragte mich, warum ich das Tattoo machen wollte. Ich sagte ihm: „Weil meine Tochter vor sechs Monaten ein Engel wurde und ich sie so immer bei mir habe.“ Und das Ergebnis ist überwältigend. Es sieht einfach klasse aus und ich habe sie immer bei mir.

Vor vier Jahren bin ich an den Bodensee gezogen, da würde es Daniela sehr gefallen und ich kann ihr so ein bisschen symbolisch was zeigen.

Mein Sohn Patrick hat sich drei Monate später beim selben Tätowierer Danielas Namen in chinesischen Zeichen auf den Rücken stechen lassen.

Carmen L.

Dennis K.-L.

*03.02.1990 +04.08.2006

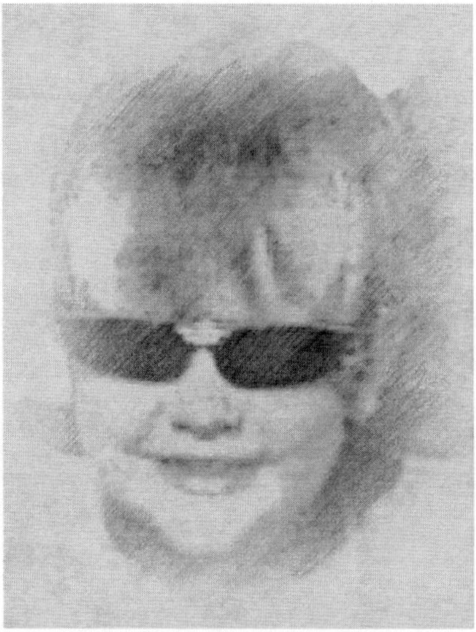

Lieber Dennis,

weg bist du von dieser Welt,
auch wenn mir das nicht gefällt.
Die Stunden und Tage sind so leer,
ach, wenn ich doch schon bei dir wär.
Du fehlst mir sehr, du fehlst mir so.
Ich glaube, ich werd' nie mehr froh.

Wer dich erkennen wollt' und verstehen,
der musste schon genau hinsehen.
Hinter deiner rauen Schale, oft verkannt,
ist deine Seele ein Diamant.

Du konntest so, so, so viel geben,
durch dich war meine Welt am Leben.

Deine Liebe, dein Humor, dein Intellekt,
haben Glück und Licht in mir geweckt.
Dein Verständnis, Toleranz und Einfühlungsvermögen-
ich bin so dankbar, dass ich dich durfte erleben.

Sechzehn und ein halbes Jahr hatten wir Zeit,
zum Abschied waren wir nicht bereit.
In deiner Sterbestunde konnte ich nicht bei dir sein,
das lässt noch mal mein Herz entzweien.
Ich hätte dich so gern beschützt,
am Ende hat es nichts genützt.
Wenn Gott dich ruft: „Dennis du musst gehen",
kann ich nur hilflos daneben stehen.
Ich hab gebettelt, war am flehen:
„Bitte Gott, lass ein Wunder geschehen,
bitte mach, dass mein Sohn und ich uns bald wieder sehen."

Gott sagt mir: „Alles hat seine Zeit.
Und ist sie gekommen, dann halt dich bereit.
Bis dahin darfst du nicht verdrießen,
denn dann werdet ihr euch wieder in die Arme schließen."

Für mich ist es nicht mehr in Frage gestellt.

Du bist in meiner Seele,
bis auch für mich der Vorhang fällt.

Danke für alles, mein Junge.
In Liebe, deine Mama

Es ist der dritte August. Wie fast immer im August ist es sehr warm. Ich sitze im Bus auf dem Weg von der Arbeit nach Hause. Es dauert ca. eine Stunde bis ich dort bin. Also sitze ich in dem Bus, der voll und stickig ist, und hänge so meinen Gedanken nach.

Gut, dass mein Sohn Dennis die Schule hinter sich hat. Zehn lange Jahre ... Die Lehrer sagen immer: „Die Schulzeit ist die schönste Zeit in eurem Leben." Was für ein Bullshit ... Schule ist nicht nur schön, sondern auch

Stress, Angst, Arbeit, Langeweile … usw. usw. usw. ... Na ja, das haben wir hinter uns. Dennis hat wider Erwarten einen richtig guten Abschluss hingelegt. Das letzte Jahr war gut. Dennis hat sich in der neuen Schule echt wohlgefühlt. Er fand sogar die Lehrer gut. Seine Beurteilung ist richtig klasse. Ich bin echt stolz.

Die Pubertät von Dennis war hart für alle Beteiligten. Meine Herren, haben wir uns manchmal gezofft. Dennis hat es uns nicht leicht gemacht, und ich glaube, wir ihm auch nicht. Aber woran nie einer von uns gezweifelt hat, war unsere Liebe zueinander. Nicht einmal in der schärfsten Krise. Wir hätten gerade den größten Streit hinter uns haben können - wenn jemand an der Tür geklingelt hätte, um irgendjemanden aus unserer Familie anzumachen, dann auf ihn mit Gebrüll. Die Familie ist heilig für uns alle. Ein gutes Gefühl.

Im letzten Jahr hat Dennis eine „wundersame Wandlung" durchgemacht. Mein „Motzkopf" ist auf einmal charmant geworden. Aus dem pubertierenden Hitzkopf ist ein toller junger Mann geworden. Ich sitze im Bus und lächle vor mich hin bei dem Gedanken ... Ich hätte beinahe vergessen auszusteigen.

Ich kam nach Hause. Alles war wie immer. Ich saß eine Weile auf der Terrasse, dann kam Dennis nach Hause. Er kam zum Gartentor herein. Er hatte ein rosa T-Shirt an und eine khakifarbene Hose mit vielen Taschen. Er grinste mich an und hatte wie immer die Hände in den Hosentaschen. Er sagte: „Na Mama, was geht?" Es waren seine letzten Ferien, die genoss er richtig. Er war viel mit Freunden unterwegs. Er hatte zwei Möglichkeiten: Entweder er tritt eine Lehre als Tankwart an oder er macht noch ein Orientierungsjahr. Tankwart fand er gut, da hat er viel mit Autos zu tun und Kfz-Mechatronik wird auch angeschnitten. Autos sind Dennis' ganze Leidenschaft. Mal sehen, ein bisschen Zeit hatten wir ja noch.
Mein Mann kam dann auch nach Hause. Ich deckte den Tisch für das Abendessen. Wir aßen und quatschten ein bisschen über dies und das. Als Dennis ging, sagte ich ihm, er solle seinen Schlüssel da lassen, weil ich mal wieder nicht wusste, wo meiner war. Es ist echt schlimm mit mir, entweder ist mein Schlüssel weg oder mein Portemonnaie. Manchmal bin ich ein echtes Flusenhirn. Ich sagte Dennis, dass ich ihm den Schlüssel in den Briefkasten lege, wenn ich ins Bett gehe und er noch nicht da ist. Dennis

meckerte ein bisschen ... Ich solle doch mal auf mein Zeug aufpassen ... Ich rief ihm hinterher, dass ich ihn lieb habe und er rief zurück: „Ich dich auch!"

An dem Abend war ich so müde wie lange nicht mehr. Eigentlich kann ich ganz schlecht einschlafen, aber nicht an diesem Abend. Ich schlief wie ein Stein ... bis das Telefon mich weckte.

Das Telefon war unten in der Küche. Ich hörte es nie, wenn ich oben im Schlafzimmer war. Ich schaute auf die Uhr: Es war ca. 2.20 Uhr. Ich ging hinunter und auf der Treppe bekam ich ein ganz ungutes Gefühl, mein Herz fing an zu rasen. Ich nahm den Hörer ab und hörte die aufgeregte Stimme eines Freundes von Dennis. Er sagte: „Bitte kommen Sie ganz schnell nach R., es gab einen Unfall, der Dennis ist tot."
Mein Blut wurde kalt. Ich sagte: „Bist du sicher?" Er sagte: „Ja, es sieht ganz schlecht aus." Ich fragte ihn: „Wo soll ich hinkommen?" Er sagte: „Fahren Sie Richtung R., dann sehen Sie schon ..." Ich legte auf.

Was ich dann gefühlt habe, kann ich nicht aufschreiben, weil es keine Worte dafür gibt. Das Einzige, was ich beschreiben kann, ist, dass sich mein Blut auf einmal ganz kalt angefühlt hat. Es war so, als wären kleine Eiswürfel in meinem Blut. Ich konnte fühlen, wie mein kaltes Blut fließt.
Ich weckte meinen Mann und wir fuhren nach R. Mein Mann sagte die ganze Zeit, dass er es nicht glaube, doch dann sahen wir die Feuerwehren auf der Straße und Polizei und Krankenwagen. Die Nacht war hell von Blaulicht und Scheinwerfern. Die Straße war von der Feuerwehr gesperrt und mein Mann stieg aus und sagte dem Feuerwehrmann, dass wir angerufen worden sind und ob hier ein junger Mann mit Roller verunglückt sei. Der Feuerwehrmann sagte ihm, er wisse nichts davon, dass ein Junge mit Roller verunglückt sei, doch er ließ uns durchfahren. Mit einem Mal war ein Funken Hoffnung da. Wir fuhren langsam weiter. Uns kamen zwei Männer entgegen, wir hielten und stiegen aus.

Wir sagten den Männern, die sich als Polizisten vorgestellt hatten, dass wir einen Anruf bekommen hätten, und dass unser Sohn Dennis heißt. Der eine Polizist sagte uns, dass er uns leider mitteilen müsse, dass unser Sohn bei einem Autounfall gestorben sei.

Ich würde gern aufschreiben, was ich fühlte. Ich wäre es mal los, aber es geht nicht, ich habe dafür keine Worte. Etwas in mir ist gestorben, zerrissen, versteinert ... Ich war wie gelähmt.

Ich fragte den Polizisten, ob ich zu meinem Jungen kann. Aber er sagte, es gehe nicht, der Staatsanwalt habe die Körper nicht freigegeben.

Wir setzten uns wieder ins Auto und ein Seelsorger kam. Er fragte uns ein paar Mal, ob er uns nach Hause bringen solle, aber ich sagte, dass wir hier blieben, solange unser Sohn hier sei ... Der Seelsorger war sehr lieb, aber ich weiß nicht mehr, was er noch alles gesagt hat.

Mein Mann und ich redeten, ich weiß aber nicht mehr, was ... wir schwiegen, ich weiß nicht, wie lange ... und rauchten, ich weiß nicht, wie viele.

Dann kam der Freund unseres Jungen, der uns angerufen hatte. Er sagte uns, dass ein anderer Freund das Auto seines Vaters genommen hätte, und dass Dennis da mitgefahren sei. Der Fahrer des Wagens sei auch tot. Der Dritte, der im Auto war, sei auf dem Weg ins Krankenhaus. Der Freund unseres Jungen ist ein großer kräftiger junger Mann, aber in dieser Nacht war er nur noch ein Schatten seiner selbst. Dann kam der Polizist und holte den Jungen von uns weg.
Es kamen Verwandte meines Mannes ... er hatte sie angerufen ... auch davon weiß ich nichts. Als sie da waren, brach mein Mann zusammen, er weinte ... sein ganzer Körper bebte. Die Verwandten weinten mit uns und drückten und streichelten uns. Aber was sie sagten, daran kann ich mich auch nicht mehr erinnern. Ich wünschte mir, dass die Zeit stehen bleibt und alles sich in Luft auflöst.

Der Polizist kam und sagte uns, dass man jetzt die Jungs auf die Straße gelegt hätte, und dass alle noch ein Gebet sprechen wollten. Die Verwandten, mein Mann und ich nahmen uns an den Händen und gingen zu der Stelle, wo die beiden Jungs auf der Straße lagen. Sie waren abgedeckt. Alle, die an der Unfallstelle waren, standen im Kreis drum herum. Alles war so unwirklich. Der Pastor sprach ein paar Worte. Ich weiß nicht mehr, was ... Dann sprachen wir alle das Vaterunser. Ich war wie gelähmt, kaum fähig mich zu bewegen, so leer ... leer ... leer

Die Verwandten brachten uns nach Hause - auch daran kann ich mich nicht erinnern ...

Als wir zu Hause waren, sah ich auf die Uhr ... es war schon fast sieben Uhr ... wir waren über vier Stunden an der Unfallstelle gewesen. Erinnern kann ich mich höchstens an dreißig Minuten.

Ich rief ein paar Leute an, um zu sagen, dass Dennis tot ist. Ich hätte am liebsten die Welt angeschrien, sie soll aufhören sich zu drehen. Es war unmöglich, dass sie sich weiter dreht. Der wichtigste Mensch war doch nicht mehr hier!!!!!!!

Ich fragte meinen Mann, ob er mit ins Bett käme. Er sagte sofort: „Ja." Ich glaube, er wäre überall mit hingekommen, es war ihm egal. Nichts war mehr wichtig. Und ich, ich wollte mich verkriechen, ins Bett verkriechen, schlafen ... nicht mehr aufwachen. Ich fühlte mich betäubt, leer, gelähmt. Die Angst nahm mir fast die Sinne.

Halb zwölf wachte ich wieder auf. Mein Mann lag nicht mehr neben mir. Ich wusch mich, putzte mir die Zähne, kämmte mich und zog mich an. All dies Automatismen, gelernt ist eben gelernt. Ich ging hinunter in die Küche. In meinem Kopf hämmerte es: „Dennis ist tot." Jetzt ist es wirklich passiert. Ich hatte immer Angst um ihn gehabt, immer Angst, ihn zu verlieren. Diese Angst hatte am Tag seiner Geburt begonnen und war bis heute geblieben. Ich habe nicht ständig gezittert, aber die Angst war da, immer, unterschwellig.

Das Telefon klingelte. Es war der Bestatter, der Dennis vom Unfallort geholt hatte. Er war unfreundlich, fragte, was denn nun sei mit der Beerdigung. „Aufbahren können Sie vergessen", sagte er, „seine Kopfverletzungen sind zu schlimm." Meine Knie wurden weich. „Na ja, vielleicht gerade so", sagte er, „mit viel Make-up." - „Ist er katholisch oder evangelisch?", fragte er. Ich sagte ihm: „Dennis ist nicht getauft. Er sollte sich seine Religion selbst aussuchen, wenn er alt genug wäre." Der Bestatter fing an zu fauchen. „Dann müssen Sie sich jetzt entscheiden. Dann muss eine Nottaufe gemacht werden. Rufen Sie den Pfarrer an. Wer weiß, ob ihn ein Friedhof nimmt." Ich wusste gar nichts mehr. Ich sagte, dass ich ihn zurückrufe und legte auf.

Ich saß am Küchentisch und die Angst verschlang mich - die Angst vor dem Weiterleben. Mein Mann kam herein. Ich erzählte ihm, was der Bestatter gesagt hatte. Er sagte: „Wir gehen zu dem Bestatter, der auch meine Mama beerdigt hat. Komm, lass uns losfahren.“ Bei den Verwandten angekommen, kümmerten sie sich um alle Formalitäten. Dennis wurde zu einem anderen Bestatter überführt und wir sollten am nächsten Tag kommen, um alles zu besprechen.

Wir fuhren nach Hause und dort angekommen, fingen wir unabhängig voneinander an, die Wohnung zu putzen. So, als wären wir irre geworden, wir waren es ja auch fast. Ich glaube, wir putzten, um irgendetwas zu tun. Zwischendurch waren viele Anrufe. Leider hab ich große Erinnerungslücken. Kopfchaos! Am nächsten Morgen wollten Dennis' Vater und seine Frau mit ihrem kleinen Sohn John, Dennis' Halbbruder, kommen. Ein guter Gedanke. Dann können wir zu viert ratlos sein.

In meinem Kopf begannen sich Gedanken zu formen. Bianka, du musst dein Kind anständig unter die Erde bringen. So lange musst du noch am Leben bleiben. Nach der Beerdigung sagst du deinem Mann, dass du zu einer Freundin fährst. Mein armer Mann. Dann fährst du nach O., mietest dich in ein Hotel ein und hängst das „Bitte nicht stören“-Schild an die Tür. Dann nimmst du alle Tabletten, die du hast. Dann bist du wieder mit Dennis zusammen. Schön! Das ist gut! Vermutlich wird eine Putzfrau mich finden, arme Putzfrau. So wird es sein! Die Quälerei ist absehbar! Abends schliefen wir wie betäubt.

Am nächsten Tag kamen Dennis' Vater, seine Frau und John, Dennis' Halbbruder, der ihm so ähnlich sieht. Sie blieben vier Wochen bei uns. Meine Schwester und mein Bruder kamen auch. Sie blieben übers Wochenende. Wir fuhren gemeinsam zum Bestatter und besprachen alles. Der Bestatter war sehr lieb. Er riet uns, Dennis nicht aufzubahren. Er sagte uns auch, dass es besser wäre, wenn wir Dennis so in Erinnerung behielten, wie wir ihn kannten. Wir berieten uns lange und stimmten dann zu. Meine Gefühle dazu sind heute gespalten. Wir entschieden uns noch, Dennis im Friedwald beizusetzen.

Der Friedwald ist toll - nur Wald, völlig naturbelassen. Unser Familienbaum, unter dem wir bald wieder vereint wären ... Doch dann kam alles anders. Bis zu Dennis´ Bestattung vergingen noch zwei Wochen. In diesen zwei Wochen kam so nach und nach mein Verstand wieder. Ich nahm die Menschen um mich herum wieder wahr. Meinen Mann, meine Geschwister, Werner und seine Frau, alle litten sehr. Wem wollte ich es denn zumuten, mich auch noch zu beerdigen? Nach und nach reifte mein Entschluss. Ich kann ihnen das nicht zumuten. Es geht nicht. Das kann ich nicht bringen. Und so lebe ich heute noch ...

Das Handy

Schon in der ersten Nacht nach Dennis' Tod bekam ich ein Zeichen von ihm. Ich hatte mich hingelegt, die Jalousien waren geschlossen und mein Handy lag auf dem Tisch neben dem Bett. Ich war so traurig, dass man es kaum in Worte fassen kann. Mit einem Mal ging das Licht auf meinem Handydisplay an. Es war sehr auffällig, denn es war stockdunkel im Zimmer. Ich nahm mein Handy in die Hand, aber es war nichts, keine SMS oder Anruf, das Licht war einfach so angegangen. Es ging immer wieder an, die ganze Nacht. Und auch in den darauf folgenden Nächten war es wieder so. Nach ein paar Tagen war das vorbei und ist auch nie wieder passiert. Ich wusste, es war Dennis, der mir sagte: „Ich bin bei dir, Mama.“

Musik

Das nächste Zeichen bekam ich auf Dennis' Beisetzung. Dennis war zu Lebzeiten sehr autobegeistert. Das beschreibt es nicht wirklich. Seine Leidenschaft ging weit über Begeisterung hinaus. Wir hatten einen CD-Player zur Beisetzung in den Friedwald mitgenommen, um die Musik abzuspielen. Ich hatte neue Batterien für den CD-Player gekauft, damit auch ja nichts schief ginge. Als ich die Batterien in den CD-Player einsetzen wollte, stellte ich fest, dass die nicht passten. Ich konnte es nicht glauben, ich hatte es doch extra kontrolliert. Nach ein paar ratlosen Minuten ging ich zum Förster und bat ihn, ein Auto in den Wald fahren zu dürfen, damit wir die Musik aus der Autoanlage hören konnten. Eigentlich ist es strengstens verboten, mit dem Auto in den Wald zu fahren, aber der Förster gab uns sein Okay. Es war die Beisetzung meines geliebten Kindes, doch dieses Zeichen entlockte mir ein Lächeln. Ein Freund fuhr in den Friedwald, seine Autoanlage hätte Dennis' Augen zum Leuchten gebracht. Mit diesem Auto wurde dann die Beisetzung beschallt. Dennis' Lieblingssong tönte mit jeder Menge Bass durch den Friedwald. Ich weiß, Dennis hätte das gefallen und er wusste, dass er uns damit zum Lächeln brachte.

Das Video

Dann bekam ich wieder ein tolles Zeichen. Ich habe mit einer Freundin zusammen ein Video von Dennis gemacht, mit Texten, Gedichten, Zitaten und über 100 Fotos von Dennis - und das Ganze mit Musik unterlegt. Es war sehr viel Arbeit. Insgesamt haben wir über 40 Stunden daran gesessen. Dann kam der Tag, an dem das Video fertig war.
Also wollten wir es abspeichern und auf DVD brennen, denn diese CD sollte ein Geschenk für alle Lieben von Dennis sein. Ich wollte die DVDs an seinem Geburtstag verschicken. Außerdem wollte ich das Video mit Dennis' Freunden an seinem Geburtstag gemeinsam anschauen.

Plötzlich bekam ich einen riesengroßen Schreck: Das Abspeichern funktionierte nicht. Es kam eine Fehlermeldung, die wir nicht kannten. Wir versuchten Verschiedenes, unter anderem googelten wir die Fehlermeldung, aber leider konnten wir keine Hilfe finden, um den Fehler zu beheben.
Mit einem Mal war wieder dieses Gefühl da, das ich immer bekomme, wenn Dennis ganz nah bei mir ist. Ich bekomme Gänsehaut auf meiner linken Schulter und meiner linken Wange. Ich spürte, dass Dennis mir etwas sagen wollte, aber ich kam nicht dahinter.

Wir waren schon richtig verzweifelt. So viel Arbeit, sollte das alles umsonst gewesen sein? Ich dachte, jetzt kann nur noch einer helfen: Tom, mein ultimatives Computergenie, der hin und wieder freiberuflich für Microsoft arbeitet. Ich rief Tom an und habe so lange in den Hörer gejault, bis er sich bereit erklärte, sofort zu kommen.

Er kam also angeflogen und sah sich das Problem an. Ratloser Blick ... er machte seine Uhr ab, wie immer in schwierigen Situationen, und probierte über eine Stunde herum ... vergebens.

Ich lag hinter ihm auf dem Sofa und grübelte mir den Kopf weg. Mit einem Mal hatte ich Dennis' Stimme im Kopf: „Mama, du weißt, ich hasse dieses Foto."
Ich hatte von Dennis ein Foto gemacht, als er ungefähr acht Jahre alt war. Ich saß im Wohnzimmer und probierte an meiner Kamera herum. Dennis kam zu mir, um mir gute Nacht zu sagen.
Er liebte es, in großen T-Shirts zu schlafen, die fast an seine Knie reichten. In seinem T-Shirt war etwa in Brusthöhe ein Loch. Ich steckte meinen Finger in dieses Loch und sagte: „Mensch, Dennis, du siehst ja aus wie ein kleiner Lump", und krabbelte ihn. Dennis wollte wegrennen, mein Finger verfing sich und raaatsch ... ein Riss im T-Shirt bis unten. Dann machten wir lustige Faxen. Ich riss noch mehr Löcher in das T-Shirt und wir zerrissen es so weit, bis nur noch der Ring um den Hals ganz war. Das Ganze mit einem riesengroßen Lärm, Kreischen und Lachen. Dann stand er da, wie ein kleiner Fetzenheinrich und ich sagte ihm: „Bleib da, ich will dich fotografieren."

Er rannte weg, aber ich schaffte es noch, ein Foto zu machen. Ein wunderbares Bild - Dennis, lachend den Kopf zurückgeworfen, halb im Rennen, die Fetzen um ihn herum.
Ich liebe dieses Bild, doch er mochte es gar nicht. Wahrscheinlich, weil so viel Haut zu sehen ist, denn er hatte nur einen Slip darunter.

Ich sagte zu Tom: „Lösche mal bitte genau dieses Foto und speichere ab." Und was soll ich sagen ... es funktionierte. Tom war völlig verwirrt.

Doch die DVD wurde pünktlich verschickt und bescherte uns einen wunderbaren, emotionalen Geburtstagsnachmittag.

Der Schmetterling

Ich war in der Reha, um mich zu erholen. Durch die therapeutischen Gespräche ging es mir sehr schlecht, da alles wieder aufgewühlt wurde: Die Unfallnacht und der Tod meiner Mutter. An dem Tag war das Maß einfach voll. Mir war alles zuviel. Es war furchtbar kalt an dem Tag, minus 15 Grad. Die Schneeberge an den Straßen waren so hoch, dass ich kaum drüberschauen konnte. Um mich aufzuwärmen ging ich in den Aufenthaltsraum, wo ein großer Kachelofen stand. Ich setzte mich dort in eine Ecke und ließ meinen Tränen freien Lauf. Ich hörte ein leises, seltsames Geräusch. Ich schaute aus dem Fenster und traute meinen Augen kaum. Innen an der Fensterscheibe flatterte ein Schmetterling. Es war ein Pfauenauge. Sehr hübsch - mit seinen braunen, roten und blauen Farben. Ich konnte es kaum fassen. Ich holte ganz schnell Nicki, mit der ich mich angefreundet hatte. Wir standen vor der Scheibe und schauten - und immer mehr Leute liefen zusammen und staunten mit uns. Nicki nahm mich in den Arm und sagte: „Siehst du, das ist entweder Dennis oder deine Mama." Aus diesem Zeichen konnte ich so viel Kraft schöpfen, dass die Reha doch noch gut wurde.

Musik im Auto

Einige Zeit später meldete sich Dennis wieder auf wunderbare Weise. An dem Baum, an dem Dennis verunglückt ist, stand ein Kreuz, das Dennis' Freunde und ich gestaltet hatten. Ein großes, tolles Kreuz aus Holz, bemalt mit einem Regenbogen und zwei weißen Tauben. Die Namen und Daten hatten wir ins Kreuz gebrannt. Eines Tages kamen wir zu dem Baum und das Kreuz war weg. Wir waren alle echt fertig, ein riesengroßes Drama. Dennis' Freunde hatten so viele Kerzen hingestellt, wohl um uns zu trösten, dass es dort aussah wie auf einer Kirmes. Aber ich war immer noch traurig und so enttäuscht, dass jemand so etwas Saublödes macht.

Ich saß nachts am PC und habe geheult wegen des Dramas, da klingelte es Sturm, so gegen eins, glaub ich. Vor der Tür stand Dennis' bester Freund Piet mit einem Kumpel, den ich nicht kannte. Der Kumpel schlotterte am ganzen Körper und Piet war auch ganz durch den Wind. Ich holte die beiden rein und kochte Tee, obwohl ich bei dem Kumpel dachte: „So wie der zittert, ist die Tasse leer, wenn er sie am Mund hat."
Piet erzählte: „Seit das Kreuz geklaut wurde, habe ich keine Ruhe mehr. Immer bevor ich schlafen gehe, fahre ich noch mal an der Unfallstelle vorbei, um nach dem Rechten zu sehen. Heute wollte ich meinen Kumpel heimfahren, vorher noch an der Unfallstelle vorbei und dann zu mir nach Hause. Wir kamen zur Unfallstelle, da geht genau dort mein Auto aus. Ich rollte gerade noch an den Seitenstreifen und wir standen genau vorm Baum. Alles war stockdunkel. Ich versuchte, das Auto wieder anzu-

machen, aber die Batterie war tot. Keine Chance. Mit einem Mal ging das Radio an. Im Display waren Zeichen, die hab ich da noch nie gesehen - Kreise und xxx …. !!!!“ Der Kumpel nickte die ganze Zeit. Piet sagte: „Dann stand da „Track 17“ und die Musik fing an. Es war der Song 'Tokio Drift' von Dennis' Beisetzung. Bianka, ich habe nur 16 Songs auf diesem Stick. Und mit einem Mal wusste ich es!! Es ist nicht schlimm wegen dem Kreuz, wir machen ein neues und gut ist es. Ich habe keine Fragen mehr, weil alles in Ordnung ist, Bianka!! Verstehst du Bianka?! ES IST ALLES OKAY, OB MIT ODER OHNE KREUZ!!!! Danach ließ ich das Auto ganz normal an und wir sind zu dir gedüst.“

Ich habe Piet gebeten, mal den Stick aus dem Auto zu holen. Was soll ich sagen, es war da kein „Tokio Drift“ drauf und nur 16 Tracks! Danach sind die beiden nach Hause gefahren. Der Kumpel von Piet, total verstört, und Piet total euphorisch ... und ich bin später lächelnd eingeschlafen.

Der Enterich

Mein Freund Heiko und ich waren in dem Naturschutzgebiet „Silberpappel“ in Mannheim. Wir haben dort am Rheinstrand gepicknickt. Es war wirklich schön.

Bevor wir nach Hause fuhren, setzten wir uns auf so eine versteckte Treppe, die direkt in den Rhein führt. Die Luft war so schön warm und duftete nach Frühling, die Vögel zwitscherten und das Wasser plätscherte in kleinen Wellen an den Strand.

Wenn ich an einem Ort bin, an dem ich noch nicht war und es ist richtig schön, dann wird mir nach einer Weile so richtig schwer ums Herz. Diese Momente möchte ich sooo gern auch mit Dennis und meiner Mama teilen.

Heiko merkte meine Traurigkeit wie immer sofort, auch wenn ich mir Mühe gab, diese zu verbergen ... Er legte seinen Arm um meine Schulter und streichelte meinen Rücken und fragte mich: „Bist du traurig?“ .... Ich sagte ihm: „Ja, mir fehlen meine Mama und der Dennis gerade besonders doll.“

In dem Moment kam ein Enterich angeflogen und landete direkt vor uns auf dem Wasser ... Er schwamm direkt auf uns zu, kam auf die Treppe und setzte sich zwischen Heiko und mich. Wir waren echt perplex ... Ich fummelte schnell ein Stück Brötchen aus dem Picknickkörbchen und fütterte den Enterich. Ich sagte: „Heiko, den haben uns meine Mama und Dennis geschickt.“ ... Der Enterich fraß mir das Brötchen aus der Hand und Heiko fotografierte ihn ... Dann kam ein Schwarm Enten geflogen und unser Enterich schwang sich in die Lüfte und schloss sich ihnen an ... Meine Traurigkeit war wie weggeblasen ...

DANKE MAMA und DENNIS

Dennis meldet sich immer wieder bei mir und seinen Freunden und seiner Familie. Für mich ist das selbstverständlich geworden, es gehört zu meinem Leben.

Mit Dennis ist mein Lebenssinn gegangen. Ohne eigene Kinder auf dieser Welt musste ich mich völlig neu orientieren. Dabei hat mir eine Geschichte geholfen.
Ein weiser Mann kommt zu Gott: „Herr, ich möchte die Hölle sehen und den Himmel.“ „Nimm Elias als Führer“, sagt der Schöpfer, „er wird dir beides zeigen.“ Elias führt den weisen Mann in einen riesigen Raum: In der Mitte auf dem Feuer kocht ein Topf mit einem köstlichen Gericht. Ringsherum sitzen Menschen mit langen Löffeln. Sie sehen mager und elend aus, denn sie hungern schon lange. Der weise Mann sieht: Ihre Löffel sind zu lang. Sie können sie nicht zum Munde führen. Sie können das herrliche Essen nicht genießen. Sie sehen wütend und zornig aus. Elias und der weise Mann gehen hinaus. „Soeben hast du die Hölle gesehen“, sagt der Prophet und führt den Mann in einen weiteren Raum. Alles ist genau wie im ersten: In der Mitte der Topf mit dem köstlichen Gericht, ringsherum Menschen mit langen Löffeln. Aber diese Menschen wirken gesund, wohlgenährt und glücklich. Sie lachen und singen. Dem weisen Mann fällt auf: Auch ihre Löffel sind zu lang, aber sie schieben sie sich gegenseitig in den Mund. Der Prophet sagt beim Hinausgehen: „Soeben bist du im Himmel gewesen.“
(Sufi)

Ich weiß heute, dass unsere Verstorbenen uns von der anderen Seite aus sehen können. Sie sind bei uns und nehmen weiter Anteil an unserem Leben. Mit diesem Wissen geht für mich auch eine Verpflichtung einher. Ich lebe mein Leben nach bestem Wissen und Gewissen. Ich möchte nicht, dass Dennis eine nur traurige Mama sieht und spürt, dass sie ihr Leben aufgegeben hat und auf den Tod wartet. Ich möchte, dass mein Junge stolz auf mich ist und sieht, dass ich nach vorn schaue und versuche, das Beste aus meinem Leben zu machen. Ich weiß, dass Dennis glücklich über meine Entdeckung ist, dass auch andere Menschen froh über meine Hilfe und Liebe sind.

Es war ein langer Weg. Heute habe ich mein schweres Schicksal angenommen. Die Trauer hat sich verändert und ich mich mit ihr.

Jedem Menschen mit einem ähnlichen Schicksal möchte ich sagen: „Beschäftigen Sie sich mit Spiritualität. Lernen Sie zu meditieren, finden Sie dadurch Ihre innere Mitte. Gestatten Sie sich Trauer und Glück zu leben. Das Eine schließt das Andere nicht aus. Seien Sie offen für alles. Und erwarten Sie völlig ungezwungen und ohne Eile die Zeichen Ihres lieben Angehörigen von der anderen Seite.“

Zeichen

Ich kann's nicht fassen,
es ist geschehen:
Mein Kind musste vor mir gehen.
Und jeder sagt:
Jetzt ist es weg -
auch ungefragt.
Ich kann es nicht glauben,
es ist nicht wahr,
meine Welt ist nicht mehr da.
Tränen verschleiern mir die Sicht,
einen Weg nach vorne find ich nicht.
Viele Menschen umgeben mich,
doch ich denke nur an dich.
Wie geht es weiter?

Wo bist du hin?
Ohne dich macht nichts mehr Sinn.
Jeder sagt: Jetzt lass doch los!
und hilflos denk' ich: Wie geht das bloß?
Keiner kann wirklich Hilfe mir geben,
ich hab' Angst vorm Weiterleben.
Und plötzlich kommt ein Zeichen klein,
mein Kopf sagt mir, das kann nicht sein.
Und ich denke innerlich:
Behältst's am Besten gut für dich,
wirst ausgelacht, sonst fürchterlich.
Es ist mein Kind, es gibt nicht auf,
schickt mir nun Zeichen noch zuhauf.
Erst vorsichtig, doch dann sehr klar,
jetzt glaub ich's auch - ja, es ist wahr!
Es ist mein Kind, es meldet sich.
Es denkt immer noch an mich.
Und ich steh' jetzt zu deinen Zeichen, mein Kind.
Und es ist mir egal, ob sie sagen, sie spinnt.
Allmählich muss der Trübsinn weichen,
der Sonne aus deinen schönen Zeichen.
Du bringst mir Freude und gibst mir Kraft,
ohne dich, mein Kind, hätt' ich das nie geschafft.
Und heut lebe ich nach deinem Brauch,
BIN ICH GLÜCKLICH.... SO BIST DU ES AUCH!!!!

Bianka K.-L.

Dennis R.

*16.09.1983 +16.06.2009

Dennis im Dezember 2008

Dennis Grab am 16.6.2011, seinem 3. Gedenktag

Dennis mit seiner Honda auf der Rennstrecke, 2007

Unser Sohn Dennis starb 2009 im Alter von 25 Jahren, nach nur dreimonatiger Erkrankung, an Leukämie.

Über Dennis

Mein Sohn war ein sportlicher, durchtrainierter junger Mann, der das Leben liebte! Er lebte, so kann man sagen, auf der Überholspur. Sein Beruf und gleichzeitig sein Hobby waren Motorräder. Es konnte ihm nie schnell genug sein. Am liebsten fuhr er mit seiner Honda, einer VFR 400, auf diversen Rennstrecken. Dann war er glücklich.

Wenn ich ihn ermahnte: „Fahr vorsichtig!“, bekam ich oft zur Antwort: „Ich pass auf mich auf, aber man kann seinem Schicksal nicht aus dem Weg gehen.“ Wie recht er damit hatte, aber auf eine ganz andere Weise, die jenseits unserer Vorstellung lag!

Nun folgen einige Erkenntnisse und Äußerungen, die Dennis uns während seiner Krankheit mitgeteilt hat. Für mich sind es Sätze von großer Weisheit, für einen jungen Mann wie Dennis.

„Dass jede Pflanze, jeder Baum seinen eigenen Geruch hat, nehme ich erst jetzt wahr. Es ist alles viel intensiver geworden durch die Krankheit."

„Wenn ich früher im Restaurant gegessen habe, war mir wichtig, dass es schnell ging. Jetzt genieße ich jeden Bissen, schmecke bewusster."
„Ich kann nicht verstehen, dass es Menschen gibt, die sich mit Kleinkriegen in der Familie oder unter Freunden aufhalten. Das ist Zeitverschwendung."

„Es bedeutet nichts, was man besitzt. Gespräche mit Freunden, Zeit für das zu haben, was man gern tut, bringt einem viel mehr."

„In Psychologie bin ich gut. Ich habe das Gefühl, dass ich die Dinge durchschaue und dass ich anderen helfen kann."

Ein Zeichen von Dennis ... Vitamin D

Im Januar 2011 waren Tischtennis-Stadtmeisterschaften hier im Ort. Früher haben Dennis und sein großer Bruder Hanno immer zusammen mitgespielt. Dieses Mal nun Hanno alleine ... Das erste Mal „ohne" seinen Bruder.

Er musste am Samstag in seiner Klasse spielen und meinte, er könnte es wohl auf die vordersten Plätze schaffen. Ich habe also wie immer mit Dennis gesprochen und ihn um Unterstützung für seinen Bruder gebeten. Und was passiert: Hanno ist Stadtmeister in seiner Klasse geworden!

Das ist aber längst noch nicht alles ... Am Sonntag ging es dann weiter mit den Spielen, eine Klasse höher. Hanno verließ das Haus mit den Worten: „Ich geh dann mal trainieren, mehr ist heute nicht drin."

Abends dann ging ich mit unserer Tochter zur Siegerehrung.
Wir wurden von Hannos Kollegen schon empfangen mit den Worten: „Hanno ist im Endspiel!!" Ich dachte, das gibt es ja nicht!

Dann das Spiel: Er spielte, als wäre er nicht von dieser Welt, und ich sah Dennis immer über und neben ihm ... auch nachdem ich mehrere Male die

Augen auf und zu gemacht hatte ..., ein super schönes Gefühl, und für mich war es so real!
Schlussendlich gewann Hanno und flüsterte mir beim Gratulieren ins Ohr: „Mama, ich hatte so viel Vitamin D (Dennis) bei mir, ich konnte nur gewinnen ..."

Während ich hier so sitze und schreibe, habe ich schon wieder eine Gänsehaut. Und außerdem hatte Dennis sein letztes Spiel gegen diesen Gegner verloren, also: „Revanche gelungen!" Später berichtete unsere Tochter dann: „Mama, ich habe Dennis auch gesehen, mich aber nicht getraut, es zu erzählen!"

Also haben wir ein wunderbares Familienzeichen bekommen ... und „Vitamin D" ist jetzt unser geflügeltes Wort. Immer wenn jemand von uns Dennis' Unterstützung braucht, sagen wir:
„Wir beantragen Vitamin D!"

Über mich

Dennis ist tot! Diese drei Worte veränderten mein Leben und das meiner Familie in einem Ausmaß, wie ich es mir vorher nicht habe vorstellen können! Ich war kaum in der Lage, meinen Alltag zu bewältigen. Meine Gedanken kreisten nur um mein totes Kind. Mein Kopf war so voll davon, dass es keinen Platz für andere Dinge und Menschen gab ... auch nicht für meinen Mann und unsere zwei lebenden Kinder.

Ich war damals der Auffassung, wir hätten einen stabilen Freundes- und Bekanntenkreis, der uns unterstützen würde. Das war eine völlige Fehleinschätzung. Kaum war unser Sohn beerdigt, waren auch sehr viele unserer sogenannten Freunde nicht mehr für uns da. Wir wurden gemieden, als ob der Tod ansteckend sei. Wir waren vollkommen isoliert von der Außenwelt.

Die einzige Motivation in dieser Zeit für mich ... Du musst weiterleben für deine lebenden Kinder und auch für Dennis!
Nach dem ersten Trauerjahr, welches ich bewusst und mit aller Intensität gelebt habe, stellte sich mir die Frage: „Kann Dennis' Tod einen Sinn

haben?“ Diese Frage habe ich für mich mit einem klaren „Nein“ beantwortet. Mir kam aber der Gedanke, dass ich meinem Leben einen neuen Sinn geben kann.

Ich habe eine Ausbildung zur Trauerbegleiterin absolviert. Ich möchte in Zukunft dazu beitragen, dass verwaiste Familien besser unterstützt werden.

Der Tod des eigenen Kindes verändert das Leben von Eltern und Geschwistern von einer Sekunde zur anderen. Die betroffenen Familien stehen besonders in den ersten Tagen oftmals unter Schock und dennoch muss eine Flut von Entscheidungen getroffen werden, die mit dem Abschied des Kindes und mit den Anforderungen der realen Umwelt zu tun haben. Bei den Betroffenen aber herrschen ein völliges gedankliches Chaos und eine tiefe innere Dunkelheit, so dass sie kaum in der Lage sind, sich diesen Anforderungen zu stellen. Als Trauerbegleiterin möchte ich wie ein kleines Licht in dieser Dunkelheit sein und ein wenig Orientierung bieten.

Birgit R.

Dominik N.

*01.01.1982 +22.10.2007

Unser einziger Sohn.

Am 1. Januar 1982 als absolutes Wunschkind geboren, am 22. Oktober 2007 mit dem Motorrad zur Arbeit gefahren und nicht mehr heimgekommen.

Obwohl ich eher zu den rationalen Menschen gehöre, für alle mir geschilderten „Zeichen" eine plausible Erklärung suche und meistens auch finde, habe ich doch etwas erlebt, das man unter „Zeichen erhalten" anordnen könnte.

Schon als Kleinkind mochte Dominik immer die Zahl 13. Wann immer sich die Gelegenheit bot, sich eine Zahl „aussuchen" zu können, hat er die 13 gewählt.

Nach dem schrecklichen Unglück ist mir im Zusammenhang mit der Zahl 13 immer wieder etwas aufgefallen. Zum Beispiel hat Dominik 13 Jahre mit in unserem Haus gewohnt. Als er ging, war sein Hund 13 Jahre alt, er folgte seiner Oma-Ur nach 13 Jahren. Das Kennzeichen seines Motorrades beinhaltet die 13. Wenn ich seine Homepage besuche, bin ich sehr häufig der 13. Besucher ...

Seit dem entsetzlichen Unfall halte ich mich jedes Jahr am 22. Oktober in der Zeit von 11.50 Uhr - 13(!).15 Uhr - das ist der Unfall- bzw. Todeszeitpunkt - an der Unglücksstelle auf und höre seine beiden Lieblingslieder - immer im Wechsel und immer und immer wieder.

So auch am 22. Oktober 2010.

Ich saß seit 11.50 Uhr an der Unglücksstelle in Dominiks Auto und hörte unter Tränen abwechselnd immer wieder die beiden Lieder, die auch auf der Trauerfeier gespielt wurden. Ich kann im Nachhinein gar nicht genau sagen, was es war, aber plötzlich veränderte sich irgendetwas. Ein eigenartiges warmes Gefühl machte sich breit, ich musste nicht mehr weinen und der Himmel sah irgendwie komisch aus. Ohne genau zu wissen, was es eigentlich zu fotografieren gab, machte ich mit dem Handy einige Fotos.

Für mich gab es auf dem Handy außer Himmel und einen Teil vom Seitenfenster des neben mir geparkten Autos nichts Außergewöhnliches zu sehen. Zuhause habe ich die Fotos auf den Rechner gezogen, um mir die Bilder vergrößert noch einmal genau ansehen zu können.

Was ich dort sah, machte mich sprachlos.

Auf dem ersten Foto ist direkt unterhalb der Sonne ein Kreuz zu sehen.

Auf dem zweiten ist die Silhouette einer Person, die aus dem Kreuz hervortritt

und auf dem dritten ein „Pfeil“, der durch die Sonne geht, die wiederum eine Herzform hat.

Ich zeigte die Aufnahmen mehreren Leuten, ohne etwas davon zu erzählen, was ich glaubte, dort zu sehen und fragte danach, ob sie dort etwas sehen und was genau. Ausnahmslos bestätigten mir alle genau das, was auch ich zu erkennen glaubte.

Das zweite Foto berührt mich am meisten, denn so war Dominiks Statur, wenn er seine dunkle Motorradkleidung an hatte und mir entgegen kam.

Wie ich auf dem Handy sehen konnte, sind alle Fotos um 13.13!! Uhr entstanden. Gleich zweimal Dominiks Zahl - an diesem Tag, an diesem Ort, mit dieser Musik.

Trotz aller Bemühungen ist mir bis heute keine einleuchtende Erklärung für den Grund der Aufnahmen und für das, was ich zu erkennen glaube, eingefallen und ich denke, dass ich es einfach so annehmen will. Ein Zeichen von meinem Sohn erhalten zu haben - an genau diesem Ort, zu genau dieser Zeit.

Ute N.

Fabian M.

*03.05.1994 +26.07.2010

Fabian wurde am 03.05.1994 als mein erster Sohn geboren. In der Schwangerschaft hatte er mich doch ein bisschen geärgert, so dass ich die letzten vier Monate mehr oder weniger liegend verbringen musste. Nach fast zweieinhalb Jahren Einzelkinddasein waren wir nun zu viert, N. wurde am 16.10.1996 geboren.

Fabian war ein liebes Kind. Auch später als Jugendlicher war er immer zuverlässig, sehr ordentlich und diszipliniert, engagiert und liebevoll zu seinen Mitmenschen. Fabian und N. hatten ein „fast perfektes Verhältnis", wie N. es vor kurzem noch einmal beschrieb.

Die Trennung seiner Eltern hat er mit acht Jahren so gut es ging verkraftet.

Fabians größtes Hobby war das Rennrad fahren. Mit unglaublichem Elan kämpfte er sich die Steigungen im Bergischen Land hoch und genoss die Abfahrten. In seinem Verein übernahm er schnell auch die Betreuung jüngerer Teilnehmer oder half ehrenamtlich bei Veranstaltungen mit. Ich selber bekleidete dann auch das Amt der Kassiererin, so dass wir viel gemeinsame Zeit für sein Hobby verbrachten.

In seiner Schule war Fabian sehr beliebt – eben weil er sehr zuverlässig und ein guter Zuhörer war. Er bekam wichtige Aufgaben übertragen und war auch für die Lehrer ein wichtiger Ansprechpartner. Dort war seine soziale Ader besonders zu erkennen: Er war Pate der Fünftklässler, betreute den Pausensport jüngerer Schüler, gab Nachhilfe oder engagierte sich sehr bei der Gestaltung des Jahrbuches der Schule. Wenn Lehrer Hilfe benötigten – Fabian war immer zur Stelle.

Am 01.07.2010 wurde er mit einem schönen und ergreifenden Abschlussball aus der Schule entlassen, am 01.08.2010 sollte sein großer Traum in Erfüllung gehen – die kaufmännische Ausbildung in einem Busbetrieb.

Fabian war ein großer Busfan – schon als sehr kleines Kind faszinierten ihn diese Fortbewegungsmittel sehr. Er kannte in Leverkusen jede Linie inklusive der dazugehörigen Abfahrtszeiten, hörte am Geräusch des Busses, welcher Bustyp gleich um die Ecke bog und half verunsicherten Busfahrern schon mal, den richtigen Weg zu finden. Wir brauchten keinen Fahrplan mehr, denn wir hatten ein wandelndes Auskunftsbüro zu Hause.

Doch am 1.12.2009 veränderte sich unser Leben. Fabian hatte seinen ersten epileptischen Anfall. Natürlich rief ich sofort den Notarztwagen, der relativ schnell kam. Fabian wurde ins Klinikum eingeliefert und eine Woche lang auf den Kopf gestellt. Es wurde Blut abgenommen, EKG, EEG und auch ein Schlafentzugs-EEG gemacht, Urin untersucht, aber es wurde nichts entdeckt, was auf eine Epilepsie hindeutete. Das Einzige, was diagnostiziert wurde, war ein erhöhter Blutdruck, der dann auch medikamentös behandelt wurde. Hoher Blutdruck ist in der Familie von Fabians Vater nichts Außergewöhnliches. Da Fabian durch sein Rennradfahren sehr sportlich und ausdauernd war, waren alle Voraussetzungen eines komplikationslosen Verlaufs dieser Krankheit gegeben. Er wurde entlassen mit der Maßgabe, engmaschige Kontrolluntersuchungen durchzuführen – sowohl für den erhöhten Blutdruck als auch für die Epilepsie.

Auch hier war wieder zu erkennen, wie zuverlässig und diszipliniert Fabian war: Jeden Morgen und jeden Abend hat er seinen Blutdruck gemessen, die Werte aufgeschrieben und bei jeder Untersuchung dem Oberarzt vorgelegt. Am 25.12.2009 hatte er noch einen Anfall – dieses Mal morgens im Bett. Mir wurden wieder die Knie weich, ich ließ ihn aber danach erst einmal in Ruhe schlafen.

Am 27.12.2009 ging ich mit ihm dann noch mal ins Klinikum, wo er wiederum untersucht wurde. Dieses Mal wurde ein MRT des Kopfes durchgeführt, um einen Tumor auszuschließen.
Aber auch bei dieser Untersuchung war alles in Ordnung. Bei seiner Entlassung wurde mir gesagt, es wäre nichts Ungewöhnliches in seinem Alter, einen epileptischen Anfall zu haben. Meine eigenen Recherchen im Internet bestätigten diese Aussagen, so dass ich mich erst einmal damit zufrieden gab. Trotzdem blieb ein ungutes Gefühl bei mir.
Alle drei Monate wurde er nun untersucht, sowohl EEG als auch EKG. Jedes Mal beruhigten mich die Ärzte und meinten, ich solle meinem Sohn

ein „normales“ Leben gönnen, als ich immer wieder nachfragte, ob es nicht gefährlich wäre mit dem Radsport. Ich wies die Ärzte auch immer wieder darauf hin, dass Fabian Bauchschläfer sei. Er bekam nach wie vor keine Medikamente, da eine eindeutige Epilepsie nicht diagnostiziert werden konnte.

Am 22.07.2010 waren wir letztmalig bei der Kontrolluntersuchung. Der Arzt verabschiedete uns mit den Worten, es wäre alles in Ordnung, wir könnten den Zeitraum zwischen den Untersuchungen nun vergrößern. Auf meine nochmalige Frage nach der Gefährlichkeit des Rennradsports und der Schlafposition wurde ich wiederum beruhigt.

Leider sollten meine Vorahnungen eintreten. Am 26.07.2010 – es war mein erster Urlaubstag der Sommerferien und eine Woche vor Fabians Start ins Berufsleben – fand ich Fabian morgens um 7:35 Uhr tot in seinem Bett. Als ich in sein Zimmer kam, WUSSTE ich sofort, dass etwas nicht stimmt. Wir hatten vor, an diesem Tag in den Zoo nach Gelsenkirchen zu fahren und verabredet, dass ich beide Jungs schon um 7:30 Uhr wecke.
Fabian stellte sich meistens einen Wecker – und ich erwartete eigentlich, dass er schon auf der Bettkante sitzen würde und mir augenzwinkernd entgegnen würde, dass ich Verspätung hätte, ob ich denn getrödelt hätte im Bad.

Aber nein – ich kam ins Zimmer, merkte, dass etwas anders war, sah auf Fabian und WUSSTE, er war tot.

Natürlich rief ich sofort den Notarzt, der dann mit fünf Sanitätern zunächst scherzend in die Wohnung kam. Mir sackten die Knie weg, und ich war froh, dass N. die Tür öffnen konnte.
Ich hörte aus Fabians Zimmer nur einen andauernden Piepston. Als ich von dem Notarzt dann hörte: „Ja, der ist dann mal tot“, habe ich das gar nicht richtig wahrgenommen. Mir war das ja sowieso von Anfang an klar. Danach lief die ganze Prozedur mit Polizei, Kripo, Staatsanwaltschaft usw. ab. Bis heute bin ich einem Notarzt dankbar, der mich fragte, ob ich einen Notfallseelsorger an meiner Seite haben möchte. Ich bejahte und es kam ein sehr netter, einfühlsamer evangelischer Pfarrer. Er hatte viel Verständ-

nis, sagte nicht viel, aber das Richtige. Er hat selber Kinder, so dass er genau wusste, wovon er sprach.

Ich hatte auch ganz großes Glück, dass ein Familienmitglied einen guten Bestatter kannte. Auch zu ihm hatte ich sofort Vertrauen. Er war immer ein guter Berater und Ansprechpartner. Noch heute habe ich Kontakt zu ihm und zu seiner Tochter.

Fabians Beerdigung wurde sehr „schön" gestaltet – wirklich in Fabians Sinne. Sein Rennrad lehnte am Sarg und seine beim Radrennen gewonnene Schärpe lag auf dem Sarg.

Glücklicherweise erklärte sich der Notfallseelsorger bereit, die Beerdigung zu übernehmen. Das war nicht selbstverständlich, denn wir sind katholisch. Der Bestatter agierte im Hintergrund, konnte alle unsere Wünsche erfüllen und war zu jeder Zeit ansprechbar.

Auch als wir uns noch mal von Fabian, den ich aufbahren ließ, verabschiedeten, war der Bestatter stets an unserer Seite.

Seit der Beerdigung gehe ich täglich zu Fabians „neuem Zuhause". Es gehört zu meinem Tagesablauf, ihn kurz zu besuchen.

Oft fahre ich auch mit dem Fahrrad zu ihm – immer mit Helm. Fabian hat mich dazu gebracht, einen Helm aufzusetzen, denn für ihn war das selbstverständlich und im Verein darf niemand ohne Helm fahren. Er redete so lange auf mich ein, bis ich mir auch einen Helm gekauft habe.

Als ich nun wieder mit dem Fahrrad bei Fabian war, ist etwas Eigenartiges passiert. Mein Fahrrad stand total sicher auf einem Doppelständer. Es wehte kein Wind, es stand nicht schräg – kein Mensch weit und breit. Als ich nun zum Wasserhahn ging, um neues Wasser in die Blumenvase zu füllen, hörte ich einen Knall, wusste aber zunächst nicht, woher er kam. Als ich zum Grab zurückkam, sah ich mein Fahrrad auf Fabians Grab liegen. Es ist einfach umgefallen, einfach so.

Ich habe mich so sehr erschrocken - es war eigentlich nicht möglich, dass es umfällt, denn wie gesagt die äußeren Bedingungen ließen es nicht zu.

Es war auch niemand anderes in der Nähe. Als ich dann mein Fahrrad wieder aufhob, sah ich, dass meine Bremsklötze vorne abgefahren waren. Da ich bei Fabians Rennrad immer peinlich genau auf die Sicherheit bedacht war (und mein Rad eher nicht so genau inspiziert habe), dachte ich sofort, dass Fabian mir ein Zeichen geben wollte. Ich hätte die abgefahrenen Bremsklötze wohl gar nicht bemerkt, wäre das Rad nicht umgefallen.

Es ist / war wirklich verrückt, es hat mich zunächst sehr verwirrt - aber ich habe mich bei Fabi bedankt, dass er so auf mich aufpasst!
Ich bin fest davon überzeugt, dass Fabian bei uns ist. Es gibt mir die Hoffnung, dass es ihm gut geht, er immer in unserer Nähe ist und weiterhin mit uns lebt, nur auf einer anderen Ebene.

Der Mensch muss nicht alles verstehen und durch diese Zeichen sind wir unseren Sternenkindern nahe. Es hilft, mit dem Verlust fertig zu werden, ihn zu akzeptieren, auch wenn wir das eigentlich gar nicht können. Denn sein eigenes Kind zu beerdigen ist das Schlimmste, was einem als Eltern passieren kann. Aber ich glaube auch, dass unsere Kinder in unserer Nähe sind, auf uns aufpassen und nicht wollen, dass wir unser Leben wegwerfen.

Ich versuche in Fabians Sinne weiterzuleben – zu lachen und zu weinen, zu lieben und zu trauern, denn das hätte er so gewollt!

Leider können wir den Verlust nicht rückgängig machen und unsere Kinder werden nicht mehr zurückkommen, aber wir können es annehmen, sie mit uns und in uns weiterleben lassen, die Erinnerung an sie hochhalten.

Natürlich ist es für unser Umfeld auch nicht einfach. Es gibt für uns unverständliche Reaktionen, die sicherlich auch mit Unsicherheit zu erklären sind. Ich selber habe erlebt, dass mir gut bekannte Menschen die Straßenseite wechseln, wenn sie mich sehen, nur um nicht mit mir reden zu müssen. Zu einigen meiner früheren „guten Bekannten" (vermeintlichen Freunden) habe ich nun gar keinen Kontakt mehr. Es ist für manche eben schwer, mit dem Tod und mit dem speziellen Verlust und der Betroffenheit umzugehen.
Sicherlich habe ich mich verändert. Die Freundschaften, die mir geblieben sind, wurden enger, intensiver, auch wenn es jetzt deutlich weniger sind.

Aber es gibt jetzt auch neue Freundschaften, die sich erst nach Fabians Tod so entwickelt haben.
Sicherlich darf man keinem einen Vorwurf machen, der mit der Situation nicht zurechtkommt – auch wenn es für uns betroffene Eltern und Geschwister schwer ist.

Weiterhin ist der „offizielle Umgang" mit dem Verlust manchmal schwer zu ertragen. An Fabians Beerdigung bekam ich ein Schreiben von der Krankenkasse. Ich sollte Angaben zu meinen Kindern machen. Ich hatte aber gleich nach Fabis Tod die Krankenkasse und die Kindergeldkasse informiert. Sicherlich hat sich die Post überschnitten, aber es tat schon sehr weh, genau an diesem Tag solch einen Fragebogen zu erhalten und auch ausfüllen zu müssen. Die Kindergeldkasse hat mir geschrieben, dass ich unberechtigterweise Kindergeld in Anspruch genommen hätte, was sie mir wieder abziehen müssten ... ich fand es einfach unpassend, aber rechtlich sicherlich in Ordnung.

Wir werden unsere Kinder niemals vergessen, sie werden immer ein Stück von uns verwaisten Eltern sein und wir werden niemals wieder so werden wie wir einmal waren.

Ich habe für mich entschieden weiterzuleben, auch zu lachen und glücklich zu sein, denn es bringt Fabian nicht zurück, wenn ich mich die ganze Zeit grübelnd aufs Sofa setze und nicht mehr am Leben teilnehme.

Außerdem habe ich auch noch einen tollen anderen Sohn, der es ebenfalls verdient hat, ein glückliches Leben zu führen, auch oder erst recht nach diesem Schicksalsschlag. Schon für ihn darf ich mich nicht hängen lassen.
Ich lebe gern – aber Fabian wird immer in meinen und N.s Gedanken und ein Teil von uns sein.

Manuela M.

Franziska L.

*02.07.1984 +04.11.2005

„Der Glaube tröstet, wo die Liebe weint“

„21 Jahre - 4 Monate - 2 Tage“

Wie in jedem Jahr am Karfreitag führt uns unser Weg in die Kirche zur Johannespassion von J. S. Bach. Wir haben noch Zeit bis zum Beginn der Aufführung und bummeln über den angrenzenden Friedhof entlang der Familiengruften. An einigen Grabsteinen bleiben wir stehen und schauen sie uns genauer an. Es entsteht der Eindruck, dass jeder Stein eine Geschichte über die Verstorbenen erzählt. Wir laufen weiter, Fränzi läuft voraus, bleibt stehen und sagt versonnen:
„Schaut mal, dieser Spruch gefällt mir, ich hätte gern, dass ‚der' später mal auf meinem Grabstein steht, wenn ich gestorben bin.“

Sie deutet auf einen anderen Stein hin und sagt:

„Dieser Grabstein gefällt mir auch sehr, ‚den' möchte ich später mal, wenn ich ...!"
Ein Steinbildhauer hat sehr eindrucksvoll und ergreifend eine junge Frau zur Darstellung gebracht, welche an der Himmelstür steht, nochmals zurückschaut um dann hineinzugehen.

Ich, ihre Mutter, erkläre ihr lächelnd, dass sie diese Wünsche später einmal ihrer Familie antragen möchte, da ich diesen bestimmt nicht mehr erfüllen kann.

Den von ihr gemachten Aussagen messe ich keinerlei Bedeutung bei, erscheinen sie mir als unreal und als Phantasie.
Fränzi, unsere geliebte Tochter ist ein lebens- und erlebnishungriger Mensch.

Sie trägt ein Lachen, mit dem sie sich die Welt aufschließt, ein Lachen, bei dem sich die Sonne in ihrem Gesicht spiegelt, ein Lachen, in dem man versinken möchte.

Auch ein Lachen, das oft von Melancholie gewürzt ist, muss sie doch mit der ihr auferlegten Bürde - ihrer Krankheit - zurechtkommen.

Und Fränzi kämpft!

Zu ihren großen Aufgaben hat sie es sich gemacht, denen Hilfe zuteil werden zu lassen, die bedürftig sind.

Sie liebt es gleichermaßen, mit Freunden und Familie gute Gespräche zu führen wie auch ruhevoll in sich zu versinken.
Ihre Grundhaltung kommt in dem von ihr öfter zitierten Satz zum Ausdruck:
„Nicht ich muss mit der Krankheit auskommen, sondern die Krankheit mit mir."
Auf Ratschläge und Vorhaltungen, doch an ihre Krankheit zu denken, reagiert sie mit den Worten:
„I c h l e b e j e t z t."

Heute stehe ich, ihre Mutter, vor e i n e m Grabstein -
ein Steinbildhauer hat zur Darstellung gebracht, dass eine junge Frau aus der geöffneten Himmelstür schaut, sich nochmals umdreht um dann hineinzugehen ...

Auf dem Grabstein steht:

F R A N Z I S K A
geb. 02.07.1984 gest. 04.11.2005

und über der Himmelspforte steht:
„Der Glaube tröstet, wo die Liebe weint“

Unsere über alles geliebte Fränzi, unser Familienmittelpunkt, unseres Lebens großes Glück wurde am Geburtstag ihrer Schwester heimgerufen.

„Ich würde jahrtausendelang die Sterne durchwandern, in alle Formen mich kleiden, in alle Sprachen des Lebens, um Dir einmal wieder zu begegnen.“
(Friedrich Hölderlin)

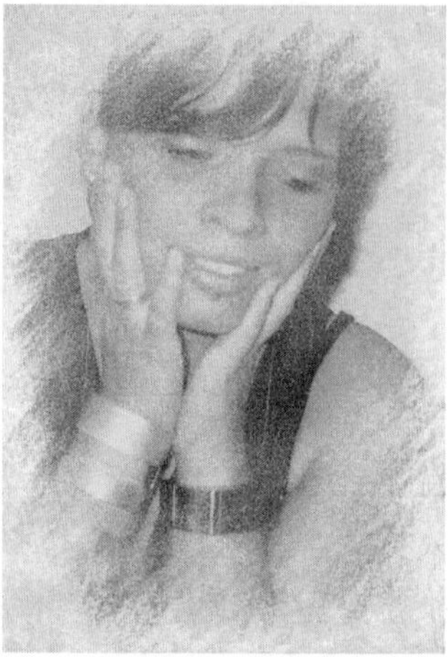

Ich erhalte tröstende Zeichen, die mir meine geliebte Fränzi besonders nahe bringen:

Auf dem Friedhof, am Grab meines Kindes, hüpft eine Amsel hin und her ... immer wieder kommt sie zurück ... ich sage spontan: „Bist Du ein Zeichen dafür, dass meine Fränzi mir etwas sagen will? Wenn ja, dann hüpf doch mal auf die andere Seite des Steines."
... Unvorstellbar, sie tat es.

Ich denke an meine geliebte Fränzi, schalte das Licht an ... und fast jedes Mal beim intensiven Denken platzt es laut und die Glühbirne brennt durch.

Aus freien Stücken lässt sich der Autoschlüssel beim Starten nicht bewegen, wir hatten es eilig und ich dachte, ach Fränzilein, wenn es doch klappen würde ... sekundengleich hat es funktioniert.

Im Zimmer sind alle Fenster und Türen geschlossen, ein plötzlicher, feiner Windhauch streicht über meinen Rücken, ich spüre meine Fränzi und bin so sehr mit ihrer Seele verbunden.

Es gibt täglich so viele Ereignisse, bei denen ich fest glaube, dass meine geliebte Tochter mir etwas sagen will. Ich glaube ganz fest, dass sie da ist, sie sieht mich, ich kann sie nicht sehen, aber ich spüre sie so fest, immer und immer wieder, es keimt plötzlich ein Glücksgefühl in mir auf und ich fühle mich ihr so nah wie nie nach ihrem Weggang.

Geleit für Franzi von ihrem Bruder

Wie soll in einer Grabrede ein Leben bedacht werden, zwischen dessen Buchdeckel Bibliotheken passten - ich will es versuchen.
Jemandem die letzte Ehre erweisen. Was bedeutet das?
Vielleicht bedeutet das, in so schwerer Stunde trotzdem hier zu sein, die Trauer über den Verlust zu ertragen, sich ihr zu stellen - Franzi fehlt.
Ich möchte nun nicht über das Unfassbare und für mich schwer Akzeptable sprechen. Ich möchte über Franzi sprechen, wie ich sie sah.
Ich glaube - nein - ich weiß, dass du hier bist, wenn auch anders als von uns in vielen tränen- und schmerzreichen Stunden gefordert.

In die Arme will ich dich schließen, dir so viel sagen - aber das geht nun nicht mehr auf dem irdischen Weg.
Wer warst du also?

Du erschienst, wo andere ankamen, wenn andere gingen, schrittest du.

Wenn andere weinten, tröstetest du, wo andere wegsahen, blicktest du hin, halfst auf.

Die, die dich kannten, sahen in dir einen stolzen, lachenden Menschen.

Die, die dich liebten, sahen deinen Stolz und deine Verletzbarkeit Hand in Hand schreitend. Die Tränen deines raumgreifenden Lachens waren immer gewürzt mit einer gewissen Melancholie.

Und die, die dich nicht kannten, werden den Verlust heute spüren.

Seit deiner Geburt brannte dein Lebensfeuer und dadurch gelang es dir, eines jeden Menschen Lebensfunken zu entfachen.
Dein Durst aufs Leben war selbst mit ungeheuren Wassermassen nicht zu stillen, genauso wie diese Massen nun nicht unsere geweinten Tränen - stumm oder laut - ersetzen könnten.

Aber auf welches Leben warst du durstig?

Nicht auf das, was alle Realität nennen. Dein Leben war in den Wolken deiner Träume. Es fand in deinem eigenen Königreich statt - deinem inneren Königreich, wofür nur du den Schlüssel besaßest. Dort schwebte die Güte, Hässlichkeit war ausgeschlossen. Es gab keine Fesseln.

Fesseln die versklaven, an graue Tage binden und Herzen brechen, Träume verschütten.

Du hattest einmal gesagt, dass die Krankheit mit dir auskommen muss - nicht du mit der Krankheit. Diesen Satz konntest du nur in deinem inneren Königreich leben.

Nun hast du dein Königreich in ein anderes mitgenommen und wirst dort in ihm aufgehen, da bin ich sicher. Trotzdem bleibst du eine Vorzeitige, du bist vor dieser Zeit gegangen, weit vor ihr.

Es heißt, wen die Götter lieben, den holen sie zuerst. Unvorstellbar, dass dich jemand nicht lieben konnte, wenn er dich kannte.

Zur Welt suchtest du den Entwurf, ohne zu spüren, dass du selbst der Entwurf warst.

Das Leben, das durch dich hindurch schoss, ist dir nun entwischt.

Aber ich verspreche dir, dass ich es suchen werde, auch im Sandsturm der Wirklichkeit.

Für uns bleibt nur, der Welt von dir zu erzählen, dich und dein Feuer in uns in die Welt hinauszutragen.

Vielleicht möchtest du mir in diesem Herbst einen meiner langen Schals kräftig um die Ohren wehen: Dann werde ich den Wind küssen.

Bärbel L.

Jannik P.

*28.08.2002 +07.08.2009

Als ich meinen Sohn Jannik das erste Mal gesehen habe, war er nur ein winzig kleiner Punkt und sah aus wie eine dicke weiße Bohne. Ich war in der fünften Woche schwanger mit ihm, meinem zweiten Sohn und unglaublich glücklich. Jannik war schon in meinem Bauch ein wahrer Sonnenschein. Ich habe ein Ultraschallbild, auf dem er mich geradewegs aus dem Bauch heraus anlacht.

Nach seiner Geburt hat er sich nicht nur gleich in meinen Arm, sondern auch noch viel tiefer in mein Herz gekuschelt.

Jannik war eigentlich immer gut gelaunt und fröhlich, ein völlig unkompliziertes Kind mit großen braunen Kulleraugen und einem unglaublichen Charme. Seinen heiß geliebten großen Bruder hat er angehimmelt und ihm stets selbstlos geholfen, wenn dieser ihn darum bat – auch wenn er selbst nichts davon hatte. Die beiden waren immer ganz dicht zusammen, verbrachten viel Zeit miteinander und konnten sich nach einem seltenen Streit nie lange böse sein. Zu sehr waren sie verbunden. Unzählige Stunden hat er auch mit seinem fünf Jahre jüngeren Bruder verbracht und ihm immer mit viel Spaß das Leben gezeigt. Seine kleine Schwester hat er sehr bewundert und sie vorsichtig mit vor Stolz geröteten Wangen auf dem Arm gehalten. Ein traumhaftes Verhältnis zwischen allen meinen Kindern – etwas wofür ich sehr dankbar war - und immer noch bin.

Im letzten Jahr seines Lebens entwickelte Jannik zunehmend seinen eigenen Kopf. Ich war sehr froh über diese Entwicklung, war er doch vorher ein fast zu unkompliziertes Kind, das sich blitzschnell mit Freude anpasste. Nun wurde er auch mal sehr trotzig und knallte so manches Mal mit den Türen, meist weil ich geschimpft hatte. Jannik war ein Held im Blödsinn machen und im Rummatschen - allerdings nie böse, sondern im Spiel versunken und verträumt.

Er liebte Frösche, Kaulquappen und Kröten ebenso wie andere Kinder Katzen, Pferde oder Hunde lieben. Wochenlang hat er sich in jedem Sommer mit ihnen beschäftigt, sie eingefangen, beobachtet und wieder freigelassen. Stundenlang strolchte er, auch gerne mit seinem besten Freund zusammen, durch Gräben und über Felder, um welche zu finden. Dabei hat er sich oft vergessen. Ich kann die Male nicht zählen, an denen ich ihm das Wasser aus den Gummistiefeln gekippt habe, weil er mal wieder zu tief in den Graben spaziert war. Ich weiß nicht, wie oft ich versucht habe, ihm klar zu machen, dass er gerade im späten Herbst oder im Winter bitte nicht tief in den Graben gehen soll. „Mach ich nicht, Mama." – und weg war er. Geschimpft wie ein Rohrspatz habe ich mit ihm, wenn er dann einige Zeit später, bis zur Hüfte nass und matschig, quer durchs Haus lief und dabei eine breite lange Matschspur hinterließ. Dass es lausig kalt war, störte ihn dabei gar nicht. Er hatte schließlich noch einen Frosch gefunden – und das fast im Winter! Unzählige Male habe ich hinter ihm her gewischt. ... Wie gerne würde ich es wieder tun ...

Einmal hat er sich mit seinem besten Freund zusammen mit Altöl eingerieben - nackig natürlich - um dann, schwarz wie die Nacht, über den Hofplatz zu sausen, um die Katze einzufangen. Im Januar bei fünf Grad ... Das Öl war trotz zahlreicher Badeorgien erst einige Wochen später aus den Achselhöhlen verschwunden ...

Im darauf folgenden Sommer haben sein bester Freund und er einen Steckschlüsselkasten auseinander genommen und die Einzelteile durch ein Loch in unser Getreidelager fallen lassen. (Da lagern etliche Tonnen Getreide). Sie versuchten dabei wohl, wer besser treffen kann. Als sie erwischt wurden, drehten sie sich weg, um zu gehen. Jannik grinste und sagte: „Auf zum nächsten Streich!"

Ja, so war er! ... Aber immer mit einem strahlenden Lächeln ... mein Herz läuft über bei der Liebe, die ich für ihn empfinde. Sie hat sich seit seinem Tod nicht verändert. Sie ist gleich stark geblieben. Hinzu gekommen ist allerdings eine nur schwer zu ertragende Sehnsucht nach ihm. Nur einmal noch durch seine Haare streicheln ... nur einmal noch seinen weichen warmen Kinderkörper in meine Arme schließen und dabei seinen Geruch einatmen ...

Jannik starb durch einen Unfall. Er ist vom Trecker gefallen und überfahren worden. Bis heute weiß niemand genau, wie es passieren konnte. Es war ein hochmoderner Trecker. Jannik war sofort tot. Er war nicht mehr „heil", Details erspare ich lieber jedem. Und dennoch lag er auf der Straße, wie er abends immer im Bett gelegen hat, wenn ich ihn vor dem Schlafengehen noch einmal eingekuschelt habe. In genau der gleichen Position, mit friedlichem Gesichtsausdruck und geschlossenen Augen. Unser Leben blieb stehen, aber irgendwie war ich ganz klar. Jedes noch so kleine Detail hat sich mir genau eingeprägt und dennoch war alles unwirklich. Ich habe mich zu ihm gelegt und ihm sein Gutenachtlied vorgesungen. Jedes meiner Kinder hat ein ganz eigenes. Seines singe ich für niemanden anderen auf dieser Welt jemals wieder. Manchmal singe ich es auch heute noch für ihn, wenn ich alleine bin und die Sehnsucht mich überrollt. Er fehlt jeden Tag so sehr, es gibt keine Worte, die meine Sehnsucht beschreiben können. Der Schmerz ist unendlich stark.

Umso dankbarer bin ich für seine Zeichen. Sie sind da, unverwechselbar und klar. Man muss nur sein Herz weit genug öffnen und den Gedanken zulassen, dass es mehr zwischen Himmel und Erde gibt ...

Einige Tage vor Janniks Tod hat mein Mann ihm aus einem Buch über Schmetterlinge, genauer gesagt über Tagpfauenaugen, vorgelesen.

Am ersten Sonntag nach Janniks Tod hatte ich das dringende Bedürfnis, den Gottesdienst zu besuchen. Es war mir nicht so klar warum, ich bin normalerweise eigentlich keine Kirchgängerin. Aber was ist, zwei Tage nach dem Tod eines Kindes, schon normal. Mein Mann willigte ein, mitzukommen. Wir saßen immer wieder weinend in der Kirche, als unsere Pastorin aufzählte, was in der letzten Woche in der Gemeinde los war. Als sie von Janniks Unfall erzählte, kam ein Tagpfauenauge seitlich an uns vorbeigeflogen, steuerte auf uns zu und setzte sich zwei Meter neben uns an die Wand. Einige Sätze später erzählte die Pastorin dann, was in der nächsten Woche in der Gemeinde ansteht. Als sie sagte, dass Janniks Beerdigung am nächsten Mittwoch sei, flatterte der Schmetterling kurz auf uns zu und verschwand dann aus unserem Gesichtsfeld. Ich war so dankbar!!! Für mich selbst, aber vor allen Dingen für meinen Mann, der dem, was da sonst noch so zwischen Himmel und Erde ist, sehr skeptisch gegenüberstand. Für uns beide war sonnenklar: Wir haben einen unendlich tollen Sohn, der in der Lage ist, uns zwei Tage nach seinem Tod zu zeigen, dass er nicht „weg" ist. Und mir war klar, warum ich in die Kirche wollte ...

An einem verregneten Wochenende spielte ich mit meinen Kleinen in der Wohnstube. Plötzlich musste ich weinen. Mein kleinster Sohn, damals zweieinhalb, fragte mich, warum ich weine. Ich sagte: „Jannik fehlt mir so sehr, ich vermisse ihn so doll.“ Völlig verständnislos guckte der Kleine mich an und sagte: „Wieso? Der ist doch da!“ Dann spielte er nahtlos weiter. Ich war fassungslos, wie selbstverständlich das für den kleinen Kerl war. Aber es war sehr tröstlich.

Oder die dicke Kröte - dazu eine kurze Vorgeschichte. Jannik war etwa fünf Jahre alt, als ich ihn, wie jeden Tag, aus dem Kindergarten abholte. Er begrüßte mich mit den Worten: „Mama, guck mal, was ich gefunden habe!“ Er griff in seine Hosentasche und hielt einen winzig kleinen Babyfrosch in der Hand. Der war wirklich niedlich! Um ihn besser sehen zu können, ging ich mit dem Gesicht ganz nah heran. „Mama ich habe noch einen!“ Jannik griff in seine andere Hosentasche und hielt mir eine dicke fette Kröte zwei Zentimeter unter meine Nase. Mit einem entsetzten Schrei sprang ich zurück. Das Vieh war größer als seine Hand! Jannik war anschließend stinksauer, dass ich mich geweigert habe, das gute Stück im Auto mit nach Hause zu nehmen. Etwa ein halbes Jahr nach seinem Tod stand ich traurig auf unserer Terrasse, vermisste ihn schrecklich doll und erinnerte mich an diese Geschichte ... Plötzlich hüpfte eine dicke fette Kröte mitten über unsere Terrasse. Der nächste Gartenstuhl war der meine. Zufall??? Nein, daran glaube ich schon lange nicht mehr! DAS sind Zeichen. Ich fand die Kröte grausig, aber sie bekam einen Namen und wohnte den ganzen Sommer über unter einem Blumenkübel auf unserer Terrasse.

Ein weiteres Zeichen bekamen meine drei Erdenkinder am dritten Weihnachtsfest ohne Jannik. Weihnachten ist seit Janniks Tod ein unvorstellbar schweres Fest geworden. Krampfhaft bemüht, den Vormittag ohne große Tränenausbrüche zu überstehen, bereitete ich das Essen vor, während die Kinder aufgeregt durchs Haus tobten. Plötzlich rief mein vierjähriger Sohn: „Mama guck mal, im Flur ist ein Regenbogen!“ Die Kinder lagen übereinander gekugelt auf dem Fußboden und starrten auf die gleiche Stelle mitten im Raum. Sie beschrieben mir abwechselnd, wo der Regenbogen anfing und wo er aufhörte, außerdem welche Farben er hatte. Absolute Einigkeit zwischen den Dreien. Meine zweijährige Tochter sagte: „Den hat Jannik uns geschickt!“ Kann es nach dem Verlust eines geliebten Kindes ein schöneres Weihnachtsgeschenk geben? Wir fühlten uns unglaublich reich beschenkt und mein Ältester mit seinen 12 Jahren lächelte das erste Mal seit Tagen glücklich. So sehr ich mich verrenkt habe, ich konnte den Regenbogen nicht sehen. Aber das war nicht schlimm. Weihnachten war ein wenig leichter geworden.

Jannik hat immer kleine runde Fliesen auf unserer Recyclingschotterstraße gesammelt. Sie waren sein Schatz. Mein Mann gab ihm eine Keksdose als Schatzkiste und jeder kleine Fliesensplitter, den Jannik finden konnte, kam hinein. Aber nur diese bestimmten, die kleinen und runden. Ich laufe diesen Weg mehrmals täglich und finde nie welche, aber mein Mann. Immer wieder springen sie ihm direkt ins Auge. Neulich beim Beton machen zum Beispiel. Er leerte den Betonmischer auf eine Schubkarre und die Schubkarre an der dafür vorgesehenen Stelle aus. Und was liegt oben drauf? Eine kleine runde blaue Scherbe, glänzend. Wir wissen weder, wie sie in den Beton gekommen ist, noch wie sie es geschafft hat, zu glänzen, mitten in einer Mischung Beton. Aber inzwischen denken wir auch, dass wir nicht mehr alles verstehen müssen.

Diese Zeichen geben uns immer wieder neue Kraft. Mut, um weiter zu leben - und Zuversicht. Ich weiß, dass ich meinen Jannik irgendwann wieder in meine Arme schließen darf und dass es ihm gut geht, dort, wo er jetzt ist.

Ich bin nur eine Mama. Das ist genauso einfach, wie es schwer ist. Ich werde mein ganzes Leben lang vier Kinder haben. Wie könnte ich sagen, dass ich drei habe, wo Jannik uns doch all diese wundervollen Zeichen schickt und ich ihn so oft in meiner Nähe fühle? Und das tue ich. Dafür werde ich immer unendlich dankbar sein.

Mein Jannik,

ich weiß, du bist bei mir immerzu,
wohin ich auch geh, da bist auch du!
Auch deine geliebten Geschwister können dich spüren,
ich bin mir sicher - du wirst sie führen.
Ich werde immer stolz auf dich sein,
ob ich lachen kann oder wein ...
Meine Sehnsucht nach dir ist unendlich groß.
Wenn meine Zeit da ist, komm ich zu dir hoch.

Ich liebe dich schon seit einer Ewigkeit,
und ich werde dich lieben bis in alle Ewigkeit.
Meine Liebe zu dir wird immer die gleiche sein.
Denn du bist mein Kind, du bist mein.

Für immer, deine Mama

Christina P.

Julienne H.

*14.08.1993 +09.08.2010

Über Julienne

Julienne ist unsere zweite Tochter. In ihrem achten Lebensjahr wurde festgestellt, dass sie Epilepsie hatte. Aber sie war durch Medikamente gut eingestellt und wurde regelmäßig durch ihre Kinderneurologin kontrolliert. Bei den Untersuchungen wurde auch nie herausgefunden, weshalb sie immer mal wieder einen epileptischen Anfall hatte. Meistens kam er in den Wachstumsphasen. Wir hatten gelernt, damit umzugehen.

Julienne hatte trotzdem eine normale Kindheit und Jugend. In der Jugendzeit hat sie sich für unsere Verhältnisse manchmal etwas zu sehr ausgetobt, aber sie war auf dem richtigen Weg. Gerade während der letzten drei Wochen in ihrem Leben wurde sie immer ausgeglichener und zufriedener. Selbst ein Streit mit ihrem Freund konnte sie nicht wirklich aus der Ruhe bringen.

Juliennes letzter Tag

Juliennes letzten Tag haben wir bis zum Abend gemeinsam verbracht und viel gelacht. Sie fuhr gegen 18 Uhr noch zu einer Freundin. Als sie gegen 21 Uhr nach Hause kam, wollte sie noch mit uns „Gruppenkuscheln", da die Oma am nächsten Tag in Urlaub fuhr. Diesen Wunsch haben wir ihr gerne erfüllt. Sie kuschelte abends immer sehr gerne mit uns. Danach gingen wir dann ins Bett.

Da ich aus irgendwelchen Gründen nicht schlafen konnte, stand ich wieder auf, um noch zu lesen. Um 2 Uhr morgens hörte ich sie telefonieren und als ich nach einer Stunde immer noch ihre Stimme hörte, lauschte ich nach oben und bekam mit, dass sie so spät noch mit ihrem Freund telefonierte. Ich wollte aber nicht stören, da sie Ferien hatte und morgens ausschlafen konnte.

Am nächsten Morgen fand ich einen Zettel von ihr, auf dem sie mich um etwas Geld bat, da sie sich mit Freunden treffen wollte. Dieser Zettel hatte eine Zeitangabe: 5.30 Uhr. Noch niemals zuvor hatte sie eine Zeitangabe auf ihren Zetteln notiert, aber zu diesem Zeitpunkt habe ich mir nichts dabei gedacht. Als ich mittags von der Arbeit kam, meinte mein Mann, dass er Julienne noch nicht gesehen hätte. Da sagte ich nur, dass sie die ganze Nacht telefoniert hätte und jetzt bestimmt noch schlafe. Ich würde gleich mal nach ihr schauen.

Als ich dann nach oben in ihr Zimmer ging und mich zu ihr aufs Bett setzte, um sie zu wecken, merkte ich, dass sie sich anders anfühlte. Mein Herz begann zu rasen. Ich versuchte weiter, sie zu wecken, aber ich merkte schnell, dass sie von uns gegangen war. Sie atmete nicht mehr. Sie war tot. Unfassbar!

Sie hatte wohl einen schweren epileptischen Anfall gehabt, aus dem sie nicht mehr aufgewacht ist.

Fünf Tage später hätte sie ihren 17. Geburtstag gefeiert.

Zeichen von Julienne

Bis zu diesem Zeitpunkt habe ich mich nicht weiter mit dem Leben nach dem Tod beschäftigt, aber schon am gleichen Tag kam mir ihr ganzes Verhalten so vor, als ob sie irgendwie gewusst hätte, dass sie nicht viel Zeit in ihrem Leben haben würde. Wie oben ja schon beschrieben: Sie war so ausgeglichen wie niemals zuvor. Die Zeitangabe auf dem Zettel, als ob sie uns was damit mitteilen wollte. Das Gefühl hatte ich sofort. Ich wusste auch, dass sie bei ihrem verstorbenen Opa beigesetzt werden sollte. Es war, als ob sie mir diesen Gedanken geschickt hätte.

Seit sie nicht mehr bei uns ist, kommt es immer wieder vor, dass sie mir sehr eindeutige Zeichen schickt, um mir zu zeigen, dass sie trotzdem nahe ist.

Die erste Zeit habe ich fast jeden Morgen, wenn ich aus der Küche rauskam, Julienne gerochen. Ihr Zimmer war eine Etage höher und die Tür war geschlossen. Trotzdem konnte ich sie riechen. Dieser Geruch war so intensiv, dass sie mir sofort nahe war. Niemals zuvor habe ich in unserem Haus diesen Geruch im Flur gerochen. Wollte sie mir ihre Nähe auf diese Weise zeigen?

Dann kam Weihnachten, das erste Weinachten ohne Julienne. Am ersten Weihnachtstag waren wir bei meiner Schwester und auf dem Heimweg standen wir vor einer roten Ampel. Überall war Schnee - und plötzlich fiel eine kleine weiße Feder auf die Windschutzscheibe, genau dahin, wo ich saß. Sie lag dort und gab mir eine unsagbare Wärme. Ich bin sofort ausgestiegen und habe die Feder mitgenommen. Weit und breit sah man keine Vögel. Mein einziger Gedanke: „Das ist ein Zeichen von Julienne." Jeder im Auto dachte das Gleiche. Warum sollte sonst eine Feder genau auf unser Auto fallen?

Silvester 2010 waren wir eingeladen: Eigentlich wollte ich nicht mitgehen, aber der Gedanke, alleine zu Hause zu bleiben, war auch nicht gut.
Ich habe dann am Morgen geputzt. Da war er wieder: Der Geruch von Julienne direkt neben dem Tannenbaum, neben ihrer Kugel, die wir für das erste Weihnachten von unserer großen Tochter bekommen hatten. Er war sehr lange dort, viel länger als sonst. Ich dachte mir, ich bilde es mir

nur ein, aber immer wenn ich wieder vorbei ging, roch es nicht nach Tannengrün, sondern nach Julienne. Danach wusste ich, dass es richtig ist, wegzugehen. Es war ein Zeichen von Julienne, damit ich mit gutem Gefühl gehen konnte.

An meinem Geburtstag 2011 habe ich ein Netbook geschenkt bekommen. Internet hatte ich noch nicht, aber plötzlich kam mir die Idee, auf dem iPhone nachzuschauen, ob ich Juliennes Video wieder öffnen kann. Ich kann nicht sagen, warum ich es versucht habe, aber der Gedanke schoss mir in den Kopf. Dieses Video haben Freundinnen von Julienne zum Andenken an sie gemacht. Es war aber schon seit fünf Monaten von YouTube wegen der Musikrechte gesperrt. Ich dachte, ich sehe nicht richtig! Das Video ließ sich öffnen und abspielen. Das war ein super Geschenk von Julienne. Ich freute mich riesig und konnte gar nicht aufhören zu strahlen. Ein unbeschreibliches Gefühl, ein untrügliches Zeichen.

Dann kam Juliennes 18. Geburtstag. Wir haben Freunde von uns und von ihr eingeladen und mit ihnen in den Geburtstag reingefeiert. Um 24 Uhr haben wir fünf Raketen in den Himmel zu Julienne geschickt. Das Besondere war: Der Tag und auch die Nacht waren regnerisch und wolkenverhangen, aber genau beim Abschuss der ersten Rakete leuchtete ein Stern direkt über uns und mit dem Verlöschen der letzten Rakete verschwand er wieder. Alle dachten dasselbe: Julienne hat uns zugeschaut. Ein schönes Zeichen unserer Tochter.

Einmal wachte ich morgens auf und ich spürte nur einen einzigen, sehr nachhaltigen Gedanken: „Julienne ist immer bei dir." Dieser Gedanke war so intensiv, dass ich es gar nicht beschreiben kann, ganz anders, als wenn einem sonst etwas in den Kopf schießt. Dieser Gedanke begleitet mich bis heute.

Gerade diese Gedanken, die mir immer mal wieder in den Kopf kommen, sind so anders, so nachhaltig. Entweder weiß ich, was ich machen soll - oder aber ich spüre eine gewisse Ruhe in mir. So weiß ich, dass es nur von Julienne kommen kann.

Natürlich kann man denken, dass alles nur Zufall oder Einbildung ist, aber ich bin mir sicher, dass es meine Tochter ist, die mir immer wieder zeigt, dass sie nicht weit weg ist. Diese Gefühle hatte ich niemals zuvor.

Mein Gedicht für Julienne zu ihrem ersten Gedenktag - 9.8.2011

Für dich mein Schatz:

Jeden Tag und jede Nacht
habe ich an dich gedacht.
Wie sehr fehlt mir dein Lachen
und auch die anderen verrückten Sachen.
Ich würde alles dafür geben,
dich noch einmal in die Arme zu nehmen,
doch leider wird das alles nie wieder geschehen,
hier auf Erden werde ich dich nicht wieder sehen.

Es ist jetzt so richtig still!

Es fragt mich keiner, ob ich das will.
Das Leben ohne dich ist so schwer,
aber das sieht kaum einer mehr.
Wie oft schaue ich mir die Sterne an
und wünsche mir dann
mit dir einfach zusammen zu sein
und mein Leben wäre wieder reich.
Du wirst immer einen Platz in meinem Herzen haben,
daran wird auch die Zeit nicht nagen.

Für meine Tochter Julienne, die heute vor einem Jahr viel zu früh von uns gegangen ist. Sie war etwas ganz Besonderes und wird es auch immer bleiben.

„Ich liebe dich, mein Schatz." (Zuckerpuppe)

Deine Mama

Marion H.

Kawe F.

*17.11.1997 +29.01.2011

Kawe starb dreizehnjährig am 29. Januar 2011 an Leukämie.
Nachdem wir neun Monate verzweifelt gehofft hatten,
er könne unseren Alltag bis ins hohe Alter begleiten -
ging er.

Vermutlich braucht er einen sanfteren Weg, dieses Leben hier zu meistern.

Jetzt versuchen wir, ihm das Leben etwas leichter zu machen und tragen ihn in uns durch alle Höhen und Tiefen bis ...? - ja, bis wann? - bis in alle Ewigkeit.

29. Januar 2011:

Kawe?

Bist du tot?!
Wie können wir jetzt leben?

Wenn ich an dich denke, Kawe, wie du im Januar ...,
verstorben bist - sagen manche, ins Licht gegangen bist – sagen andere,
gestorben bist, elendig krepiert bist – sage ich,
dann fliege ich davon - so frei wie die Vögel, die lieben können.

Ich werde Wind
und Wind schiebt mich den Berg hinauf, an dem wir leben
und den ich jeden Tag in Gedanken an dich hinauf gehe.

Wenn ich an dich denke, Kawe, wie du
nicht erst seit der Diagnose deiner Erkrankung
„jede" Sekunde meines Lebens in Gedanken bei mir bist,
dann fließen Tränen über meine Wangen und ich spüre,
wie sie Bäche werden, die lieben können.

Und ich stehe am Morsbach, dem Bach, an dem wir leben
und meine Tränen tropfen in ihn und schwimmen zur Wupper und weiter zum Ozean.
Und – Kawe - du lebst in meinen Tränen im Ozean
mit Millionen anderen, in die Ströme geweinten Menschen und Lebewesen.

Wenn ich an dich denke - Kawe - tue ich das seit März 2010
immer und überall –
mein Raum für dich ist unendlich geworden
und meine gedankliche Zeit mit dir hat keine Grenzen mehr.

Wenn ich an dich denke, Kawe,
- morgens beim Zeitung austragen,
dann fühle ich die Kraft der liebenden Erde durch meine Schuhe dringen.
Und diese Kraft wirft mir den Kopf in den Nacken
und ich sehe dich im Sternbild eines fliegenden Drachen am Himmel stehen.

Antićs Geist flüstert mir zu:
Wenn die Menschen lieben könnten, so wie ich es kann,
gäbe es keine Grenze zwischen Leben und Tod.

Wenn ich an dich denke, Kawe,
dann verschwimmt meine Vorstellung von Leben und Tod.
Ich fliege als Wind, verstehe kein Hier und kein Dort,
ich fliege ohne Raum und weine ohne Zeit.

Aus dem Flug stürze ich in einen Strom, der lieben kann,
und ich schreie flehend unter Wasser in die liebende Erde deinen Namen.
Und durch mein Sehnen löst sich ein Brocken der liebenden Erde, steigt auf zur Wasseroberfläche, zum Himmel - leuchtend –
ein Stern:
Du – Kawe!

Ich will versinken in deinem Bild,
in diesem Kawe-Bild,
das zum Himmel steigt und mir leuchtet!
Warum darf ich nicht ertrinken? –
Muss ich auftauchen und atmen?

Wenn N. an Kawe denkt,
dann möchte er einen Pfirsichbaum pflanzen auf sein Grab –
in die Erde,
die lieben kann
und die genährt worden sein muss von dem Wasser der Wolken,
die über dem aus Tränen bestehenden Ozean aufgestiegen sind
und auf Kawes Grab herabregneten –
also den Strömen, die lieben können.

Denn:
N. träumt:
Die Wurzeln des von ihm gepflanzten Baumes
umfassen Kawes Sarg samt Kawe, der darin liegt
und saugen Kawes Kraft,
die – so N. - schon zu dessen Lebzeiten legendär war,
und die Wurzeln schießen Kawes Kraft in die Früchte ihres Baumes
und sekundenschnell trägt der Baum verheißungsvoll leckere Pfirsiche,
die hinauf lachen zu den Sternen
und plötzlich fliegen Pfirsiche an den Himmel und werden Sterne.

Und N. steht am Grab Kawes,
greift einen hinauf fliegenden Pfirsich,
beißt hinein und saugt aus dessen Saft Kawes Kraft
und N. trägt Kawe in sich –
immer und überall.
Und während N. das erzählt,
leuchten seine Augen wie Sterne hier auf Erden
und die nun Stern gewordenen Pfirsiche am Himmel spiegeln sich in seinen Sternenaugen.

Weil alle Kinder lieben können, wie N. es kann,
gibt es keine Grenze zwischen Leben und Tod.
Weil N. ist,
und weil er mir in den liebenden Strom dieses Bild von sich und Kawe schickt,
vergesse ich für den Bruchteil einer Sekunde Kawes schweres Sterben,
- ich tauche auf –
- voller Neugier auf N.
und atme.

Wenn ich an dich denke Kawe,
dann möchte ich dieses Glücksgefühl feiern,
das dein Dasein mir geschenkt hat.

Aber in jedem Glücksmoment packt mich erbarmungslos
dieses verschissene Unversöhntsein um dein schweres Sterben.

Das Dasein deiner Geschwister - die ja auch dein Dasein sind –
mildern es.
Ich lebe,
weil ihr vier existiert.
Ich lebe gut, weil ihr vier umsorgt sein wollt.
Auch du, Kawe – immer noch!

„Sag mal, weinst du oder ist es der Regen,
der von deiner Nasenspitze tropft?" –
hast du mich im Krankenhaus manchmal gefragt,
in dem eigentlich nur die dir verhasste Dusche tropfte
und auch nur dann, wenn wir sie - von anderen gezwungen - anstellten.

Wenn ich heute morgens durch den Regen laufe und weine,
zwinkere ich dir sternenwärts stets zu und schmunzelnd hörst du mich sagen:
„Es ist der Regen,
der aus dem aus Tränen bestehenden Ozean auf mich herabregnet,
der von meiner Nasenspitze tropft".
Und du grinst herunter und singst: That´s life.
An deinem ersten Todestag wünsche ich dir ein schönes, schönes Leben –

Wo auch immer? Da oben oder in uns.
Lebe deinen Tod! Das ist dein Weg!
Wir sind bei dir – immer und überall!
Denn:
Du „bist“ auch am 29. Januar 2012 unser Kind –
Du bist:
unser einzigartiger „Kawe“!

ZoZ - Zeichen oder Zufälle von und mit Kawe

Kawe war in seinen letzten Monaten nicht mehr so oft zu Hause, weil er entweder Chemo bekam oder in Folge der Chemogabe sterbenskrank im Krankenhaus lag. Wir sind nur vielleicht sieben, acht Mal nach Hause gefahren in seinen letzten neun Monaten.

Wir wohnen an einem steilen Berg. In einer Rechtskurve wird der Blick frei auf unser Tal und Kawe hat wenigstens die letzten vier Male, wenn wir an dieser Stelle den Berg herunterfuhren, gesagt: „Mama, ich möchte so frei sein wie ein Vogel und einfach davonfliegen.“
Und ganz am Ende hat Kawe - im Bett liegend - immer gesagt:
„Mama, ich möchte Gleitschirmfliegen.“

Als ich mal wieder einmal sehr, sehr verzweifelt war, habe ich an Kawes Grab gestanden und gerufen: „Kawe, wo bist du?“
Da erhob sich ein Vogel aus einem Baum neben mir und flog vor meiner Nase her.

Ich habe das damals als Zufall angesehen. Und ich habe es in einem Forum für verwaiste Eltern Claudia erzählt und sie hat gesagt: Was für ein Zeichen!
Ich habe damals gedacht: Wieso Zeichen? Das war doch Zufall.
Während ich das jetzt schreibe, wird mir noch ein anderes „Zufallszeichen“, ein Zeichen, das mir auf einmal zufällt, bewusst.

Ich habe mit meinen drei anderen Kindern - Kawes Geschwistern - Kawes Grabstelle ausgesucht. Ich wollte gerne eine wählen unter einer großen Tanne, weil ich Kawe gerne vor allem Unwetter beschützt wissen wollte. Aber eines meiner Kinder hat gesagt: „Mama, der dunkle Platz ist doch nichts für Kawe - er wollte doch frei sein“, und wir haben „zufällig“ eine Grabstelle gewählt, die in einer Rechtskurve den Blick auf ein Tal freigibt und oft wenn ich an Kawes Grab stehe, empfinde ich, dass Kawe dort fliegt.

Nachdem Claudia mir geschrieben hatte, dass sie den Flug des Vogels für ein Zeichen hält, bin ich offener, empfänglicher geworden für Zeichen. Ich habe begonnen nachts den Sternenhimmel anzuschauen. Eigentlich weiß ich nicht warum. Ich glaube, ich musste meinen ganzen Schmerz in den Himmel weinen. Und dann habe ich über Monate - und natürlich gibt es das Sternbild auch heute noch - nur zu einer früheren Uhrzeit - dort Kawe drachenfliegend am Himmel stehen sehen. Es ist so ein Drachen - wie mein Vater ihn mit uns Kindern früher immer gebaut hat – aus einem Holzkreuz mit Pergamentpapier beklebt. Wir haben diese Drachen steigen lassen und irgendwann blieben sie in meiner Vorstellung dank des Klebers, den wir verwendet hatten, am Himmel kleben. Bestimmt hat Kawe sich so einen Sternendrachen als Zuhause ausgesucht und ich kann ihn deshalb von hier unten aus sehen – jeden Tag.

So schöne Zufallszeichen oder was auch immer gibt es.
Zufall oder Zeichen – Es ist doch kein Zufall, dass beide mit Z anfangen und man ZoZ vorwärts und rückwärts lesen kann. Zeichen oder Zufall? Mir egal! Für mich auf jeden Fall tröstend.

Mir fallen Zeichen nicht leicht zu. Ich erarbeite sie mir, nehme sie mir, pflücke sie, wie einen Pfirsich, der zum Himmel fliegt - im leichtesten Fall. Ich arbeite an einer Perspektive des Nach-vorne-Schauens. Ich möchte nicht versumpfen. Ich möchte für meine anderen Kinder und alle, die mich lieben, gut leben. Wenn wir ein Kind verlieren, verlieren wir jede Perspektive auf dieses Leben - ich zumindest habe mit Kawes Sterben und Tod alles verloren an Lebenssinn. Leben war in keinster Weise mehr gangbar - nicht nur seelisch und geistig - auch körperlich. Ich habe mich gefoltert gefühlt. Ich konnte nichts mehr denken, ich konnte nichts mehr fühlen, als KAWE IST TOT. Auch körperlich hat mir KAWE IST TOT oft solche Schmerzen bereitet, dass ich keinen Meter mehr gehen konnte. Ich habe viele Krankheitssymptome ausgebildet, so dass ich am gesellschaftlichen Leben nur noch minimal teilnehmen konnte.

Gerettet für „dieses“ Leben haben mich besonders die Menschen, die in diesem Buch hier schreiben - allen voran Claudia; indem ihr mir die Augen für die Zeichen Kawes geöffnet habt, indem ihr mich gelehrt habt, zu Fuß und ganz bequem in Kawes Welt zu gehen und jederzeit zurückzukehren. Gerettet für „dieses“ Leben haben mich die lieben Arsch-mit-Ohren, die hier in diesem Buch von den Zeichen ihrer Kinder schreiben, die mich lehrten, „jenes“ Leben anzunehmen.
Danke - ihr lieben AMOs.

Martina S.

Kevin B.

*05.02.1984 +04.01.2006

Der 5. Februar 1984 – der bis dahin glücklichste Tag in meinem Leben. Mein erstes Kind, ein absolutes Wunschkind, hat sich viel Zeit gelassen, um diese Welt zu betreten. Zwölf Stunden lag ich mit Presswehen, bis die Ärzte sich endlich entschlossen, zu helfen. Wie glücklich war ich, meinen Sohn in den Armen zu halten. Zwei Tage lang hatte er keinen Namen, weil erst geprüft werden musste, ob der Name KEVIN in der DDR genehmigt wird. Er wurde genehmigt und mein Wunschkind bekam meinen Wunschnamen. Der 5. Februar 1984: Es lag viel Schnee, der Himmel war blau, die Sonne schien und es war ein Sonntag! Kevin, mein Sonntagskind. Das war und ist mein Kevin für mich.

Kevins Kindheit verlief vollkommen problemlos. Er war ein aufgeweckter, fröhlicher Bursche. Seinen tollen braunen Augen konnte man nichts abschlagen. Von klein auf waren Autos seine Leidenschaft. Eine Leidenschaft, die er später zu seinem Beruf machte. Er hat Karosseriebauer gelernt.

Eine weitere Leidenschaft war der Sport. Mit sechs Jahren fing er an, Basketball zu spielen. Bis zu seinem Tod hat er aktiv in einem Verein gespielt. Ich war bei fast allen Turnieren dabei, um seine Mannschaft, die recht erfolgreich war, anzufeuern. Sogar in Wien, bei einem europäischen Basketballturnier, war ich dabei. Kevins Mannschaft wurde Vize-Meister.

Kevin hat es sogar geschafft, dass ich mich im Fitnessstudio angemeldet habe. Das allerdings auf eine für mich wenig charmante Art. Er sagte nämlich: „Mami, du kommst jetzt in ein Alter, in dem man etwas für seine Figur tun muss. Du musst Sport treiben." Zu diesem Zeitpunkt war ich 43 und trug Konfektionsgröße 38. Aber ich habe mich angemeldet und fand es toll, mit meinem Sohn zusammen zu trainieren.

Auch in der Schule hat mir mein Großer, wie ich ihn immer nenne, keine nennenswerten Probleme bereitet. Und das, obwohl es nicht leicht für ihn war, in der Schule zu lernen, in der seine Mutter gearbeitet hat. Von meinen Freundinnen wurde er unterrichtet. In der Schule war es Frau Soundso und in der Freizeit Tante X. Es war ein Balanceakt, den Kevin toll gemeistert hat.

Auf sein „Schwesterherz", wie er sie immer genannt hat, war Kevin von Anfang an sehr stolz. Sie ist fünf Jahre jünger und trotzdem waren sie immer ein Team. Trotz ihrer großen Zuneigung zueinander, zwei völlig verschiedene Kinder. Kevin liebte Sport, Autos, Party und immer gutes Aussehen. Seine Schwester dagegen Tiere aller Art, Natur und „Dreck".

Ich erinnere mich mit einem Schmunzeln, dass Kevin morgens nicht ansprechbar war, bevor seine Haare nicht korrekt gegelt waren. Einmal musste ich auf seinen Wunsch eine Strähne abschneiden, weil sie nicht ordentlich lag.

Und dann kam der Tag, der mein Leben aus den Fugen riss. Der 4. Januar 2006!

Am Abend vorher wollte Kevin los und ich habe wie immer zu ihm gesagt: „Großer, fahre bitte vorsichtig." Und wie immer hat Kevin die Augen gerollt und gesagt: „Mach ich doch, Mami. Bis morgen dann." Ein „Morgen" gab es dann nicht mehr. Kevin ist aus bis heute ungeklärter

Ursache um 0.45 Uhr gegen einen Baum gefahren und soll sofort tot gewesen sein. Kein Mensch weiß, was in dieser Nacht passiert ist. Er kannte die Strecke, ist sie jeden Tag gefahren. Sein Auto war in einem Top-Zustand.

Diese Frage „Was ist passiert?“ begleitet mich schon sechseinhalb Jahre und wird mich auch den Rest meines Lebens begleiten.

Vor Kevins Tod hätte ich jeden für verrückt erklärt, der mir gesagt hätte, dass es etwas gibt zwischen Himmel und Erde. Inzwischen aber sage ich mit absoluter, tiefer Überzeugung: „Ja, es gibt etwas zwischen Himmel und Erde.“ Mein Kevin hat es mir durch seine Zeichen bewiesen.

Allerdings geht Kevin eher sehr sparsam mit Zeichen für mich um. Wenn er mir aber ein Zeichen schickt, fühle ich eine Ruhe und tiefe Dankbarkeit in mir. Es ist, als ob Kevin neben mir ist, lächelt und sagt: „Siehst du Mami, ich bin bei dir.“

Angefangen hat es 2006 (Kevins Todesjahr). Monatelang kämpfte ich um meine Umsetzung von einem Ende Berlins ans andere. Das heißt, ich hatte einen Fahrweg von morgens zwei Stunden und abends zwei Stunden. Trotz Gutachten von meiner Psychologin und dem Amtsarzt passierte nichts. Man meinte zu mir, es gibt keine freien Lehrerstellen in Berlin. Dann habe ich angefangen, die Ämter selbst aufzusuchen. Überall die gleiche Antwort. Im Januar 2007 bin ich wieder los. Es war die letzte Chance. Bevor ich aus dem Auto gestiegen bin, habe ich zum Himmel hochgeschaut und zu meinem Sohn gesagt: „Kevin, Mami kämpft schon über ein Jahr, um ihr Leben wieder in den Griff zu kriegen. Bitte hilf mir, drück mir die Daumen, ich muss aus Spandau weg und brauche hier eine Stelle.“ Jetzt kann mich jeder für verrückt halten, aber in diesem Moment habe ich die Stimme von meinem Sohn gehört, wie er zu mir sagt. „Mami, heute schaffst du das. Du warst immer eine starke Frau und hast immer erreicht, was du wolltest. Das klappt heute. Ich bin neben dir.“ Irgendwie gestärkt bin ich dann ins Amt. Dabei war mir, als ob Kevin neben mir läuft. Am 25.01.2007 habe ich ein Schreiben bekommen, in dem man mir mitteilte, dass ich am 5. Februar hier in meinem Stadtbezirk anfangen kann. Der 5. Februar ist Kevins Geburtstag!!! Ein deutlicheres Zeichen von meinem Sohn konnte es nicht geben.

Vor kurzem bin ich zum Baumarkt gefahren. Dieser hat einen riesigen Parkplatz und es gab ausreichend leere Plätze. Am Rand des Geländes hat der Baumarkt verschiedene Carports als Ausstellungsstücke aufgebaut, die auch als Parknische genutzt werden können. Ich weiß nicht warum, aber ich dachte, ok, nimmst du eben mal so einen Parkplatz und parkte in so einem Ding. Als ich nach meinem Einkauf auf diesen Carport zulief, sah ich das Schild, welches dort angebracht war. Darauf standen die Maße, Preise u.ä., aber auch der Name des Carports: „Alu Carport Kevin"! Da huschte ein Lächeln über mein Gesicht und ich wusste in diesem Moment, warum ich ausgerechnet hier geparkt hatte.

Zeichen von meinem Sohn sind etwas absolut Kostbares für mich. Sie zeigen mir, er ist immer bei mir, auch wenn ich ihn körperlich nicht mehr in den Arm nehmen und drücken kann.

Danke, dass ich deine Mami sein darf. Ich bin stolz auf dich, mein Kevin.

Simone B.-N.

Kiki W.

11.02.1984 – 05.05.2009

... unendlich Kiki

„Doch frag ich dann:
Was ist das Glück? So kann ich keine Antwort geben.
Als die, daß du mir kämst zurück, um so wie einst mit mir zu leben."
(aus: „Tiefe Schatten" von Theodor Storm)

Leben mit und ohne Kiki – so nah

Angesichts der Tatsache, dass meine Tochter diese Welt so früh verlassen musste, sollte ich eigentlich schweigen ... Aber ich würde dem Tod zu viel Raum geben.

Ich möchte sprechen: Über mein Kind, das sein Leben nicht hinter sich, sondern vor sich hatte; mit so vielen Plänen, so viel Energie und Liebe.

23 Jahre - bestehend aus einer glücklichen Kindheit, Schulausbildung, Realschule, Fachhochschulabschluss als „Staatlich geprüfte Wirtschaftsassistentin (Werbung)“, Ausbildung zur Tierarzthelferin. Kiki ist Autorin des Buches mit dem Titel „Problemzone“ unter dem Pseudonym „Wiki Kalter“.

Kiki erhielt kurz nach ihrem 23. Geburtstag, wenige Wochen vor Beendigung ihrer Ausbildung zur Tierarzthelferin, die Diagnose Krebs. Es folgten zwei Jahre voller Hoffen und Bangen, begleitet von Hochdosis-Chemotherapie, OP, Bestrahlung und wieder Hochdosis-Chemotherapie ...

Umsonst: Am 5. Mai 2009 wurde das Leben hier für Kiki zu schwer.

Ich habe diesen Tag so empfunden, als hätte jemand die „Escape“- Taste gedrückt: Ich wurde herauskatapultiert, in eine Welt, die ich so nicht haben wollte … fassungslos … bodenlos ... ohne mein einziges Kind … plötzlich allein ... ganz allein ... „Delete“ ...

Für mich war schnell klar: Ich brauche etwas ... mein Kind ist nicht tot! Ausschlaggebend waren für mich, den absoluten Kopfmenschen, der sich nie vorher mit diesem Thema auseinandergesetzt hatte, die kleinen Dinge während der Erkrankung meiner Tochter und kurz nach ihrem Verlassen dieser Welt. Immer wieder fiel ich über Wörter wie „Leben nach dem Tod“, „Nachtodkontakte“ oder „Nahtodkontakte“. Wörter wie „Jenseits“, „Verbindung zu Verstorbenen“, „Seele“, „Seelenplan“, „Loslassen“, „beerdigt wird nur die Hülle“ weckten meine Aufmerksamkeit.

Es ist entsetzlich still … leer… ja sinnlos ohne mein Kind ... so will ich nicht leben und ich möchte wissen, wie es ist, wenn man stirbt, was danach kommt.

www?
Wo bist du mein Kind?
Wie geht es dir, meine Liebste?
Was machst du, mein Mädchen?
Welchen Sinn hat es, dass du so entsetzlich erkranktest?

Ich fand ein Online-Forum für Sternenkinder, fühlte mich dort gar nicht wohl ... viel zu traurig ... zu still ... zu einseitig ... ich wollte und brauchte mehr.

Nun bin ich seit fast drei Jahren Mitglied in einer Gruppe für Verwaiste Eltern, in der ich mich gut fühle. Die Unterschiedlichkeit der Mitglieder, ihre Ansichten, die Themenvielfalt, ... das gefällt mir gut. All die wunderbaren Eltern gemeinsam im Leben einen Umweg gehend, anders als erträumt und vielleicht doch im Lebensplan angelegt? ... Ohne - aber doch immer mit ihren einzigartigen Kindern.

Loslassen ... ein entsetzliches, grausames Wort ... Es hörte sich für mich an wie „Vergessen." Niemals vergesse ich mein einzigartiges Kind. Ich habe mich entschieden, nicht ohne mein Kind zu leben, durch Rituale wie einen Morgengruß, einen abendlichen Brief, viele Gespräche ...

Und wenn dieses Leben hier ohne mein Kind besonders unaushaltbar wird, dann bitte ich einfach meine Kiki, mir ein Zeichen zu senden, damit ich weiß, ihr geht es gut … und dann ... ja, dann geht es mir auch gut.

Ein mir fremder Trauerredner hat auf Kikis Verabschiedungsfeier sehr schöne, berührende Worte gefunden und mir die Rede im Nachhinein zugesandt. Darauf war handschriftlich ein Gruß vermerkt:

„Liebe Frau W. ... ich wünsche Ihnen, dass Sie mit Kiki im Kontakt bleiben und dass Sie immer wieder das Schöne sehen, das Kiki Ihnen zeigen will ... Alles Gute"

Kiki ist in eine Welt gegangen, die außerhalb meiner Wahrnehmung liegt. Für Kiki hat der Tod nicht existiert.

Kiki ist für mich nicht tot. Es gibt in meinen Gedanken kein „Ruhe sanft" oder „Schlafe wohl". Ich bin davon überzeugt, mein Mädchen ist in ihrer neuen Welt genauso flott unterwegs wie in der alten und steht in Verbindung mit mir.

Zeichen von Kiki

Sehr gerne teile ich mit Ihnen einige meiner Zeichen, die ich von Kiki erhalten habe. Vielleicht gibt Ihnen das auch Kraft und Trost und ja ein klein wenig Hoffnung.

Für mich gibt es Zufälle im eigentlichen Sinne nicht mehr. Gedanken oder besondere Situationen „fallen mir zu", in besonders verzweifelten Momenten oder auch einfach so. Ich glaube fest daran, dass Kiki mir in diesen Momenten mitteilt: „Mama, ich bin nicht tot! Ich bin doch da – nur anders!"

Kikis Kater Chips und Felix

Kiki hat zwei Kater, Chips und Felix ...
Die erste Woche im Januar 2010 wird Kikis Kater Chips sehr krank. Er bekommt eine Woche lang täglich Herzmedikamente und Entwässerungstabletten in der Tierarztpraxis. Eine Woche soll Chips medikamentös behandelt werden, dann soll entschieden werden, ob man den Kater doch von seinem Leiden erlöst ...

Montag und Dienstag fahren mich jeweils unterschiedliche Freunde zum Tierarzt. Mittwoch hat leider niemand Zeit, und ich sitze da. 10 Uhr, 10:30 Uhr, 11:00 Uhr - ich komme nicht aus dem Haus, kann mir kein Taxi rufen, habe extreme Schwindelanfälle und die Praxis schließt 12:00 Uhr! Nachmittags findet keine Sprechstunde statt. Um 11:30 Uhr klingelt es an der Tür und eine Bekannte sagt, sie könne mich fahren. Ich kann nur sagen „Dich schickt ein Engel." Sie konnte nicht wissen, dass ich noch zu Hause saß! Wir hatten seit Montag keinen Kontakt.

Hat Kiki sie zu mir geschickt? Wusste sie, dass wir dem Kater nicht helfen konnten? Er ist nun bei Kiki. Vielleicht wollte sie ihn bei sich haben?

24. Dezember 2010 … Ich gehe spazieren und denke so bei mir: „ Hm, der Boden ist gefroren ... Okay, dann mach ich es so wie mit der Urne vom Kater Chips und warte mit der Bestattung von Felix bis zum Frühling." ... (Komische Gedanken ... Felix geht es gut ... Er ist nicht krank).

25. Dezember 2010 … Felix schaut so anders! So hat er mich noch nie angesehen und ich sage zu ihm: „ Gell, die Kiki und der Chips sind hier?“ Weiter habe ich mir keine Gedanken darüber gemacht.

26. Dezember 2010 … Felix genießt seine abendlichen Streicheleinheiten, ich gehe kurz in die Küche, höre ihn plötzlich stark husten, komme zurück und Felix ist gestorben.

Wollte Kiki mich darauf vorbereiten, dass Felix zu ihr geht?

Ich glaube, dass Kiki dort mit unseren Katerchen, unseren „Jungs“ zusammen und glücklich ist.

Buchlesung

Ich nehme an einer Buchlesung teil. Während der Pause signiert der Autor Bücher und ich stehe in der langen Warteschlange. Ich sage zu meiner Begleiterin: „Pass auf, wenn ich dran bin, dann macht er erst einmal Pause und weiter mit der Lesung.“ Endlich stehe ich vor dem Autor und darf mein Exemplar zum Signieren vorlegen. In diesem Moment fragt der Autor: „Wollen wir nicht erst einmal eine Pause machen?“ ...

Mein liebes Kind, ich liebe deinen wunderschönen Humor ... und ich weiß, du hast ihn dir dort bewahrt und irgendwann werden wir wieder diesen einzigartigen Spaß haben – gemeinsam – wir Zwei!

Mir hilft es sehr, dass mein Kind in meiner Nähe ist, glücklich - zusammen mit ihren geliebten Katern und den Familienmitgliedern, die sie in ihrer neuen, alten Welt getroffen hat.

… Kiki, entsetzlich unersetzlich

Kerstin W.

Lara K.

16.07.1998 - 12.12.2011

Unsere Tochter Lara kam am 16. Juli 1998 als Frühchen auf diese Welt. Sie hatte im Mutterleib einen Hydrocephalus (Wasserkopf) entwickelt. Ihr wurde ein Shunt gelegt, und sie wuchs - mit Handicap - aber problemlos auf. Sie musste zwei Mal operiert werden, um einen neuen Shunt zu bekommen. Auch das verlief problemlos. Dreizehn glückliche Jahre durften wir unseren wundervollen Engel begleiten, bis im Oktober 2011 ihr Shunt riss, und sie wieder einen neuen gelegt bekam. Ab da war nichts mehr wie vorher. Ein lebenslustiger, unschuldiger, intelligenter Mensch wurde innerhalb von zwölf Wochen – durch ignorante Ärzte - zu einem 100%igen Pflegefall. Sie wurde auf Epilepsie eingestellt, obwohl sie nie eine hatte. Sie hatte Hirndruck!!! Wir Eltern haben gekämpft, gehofft und doch verloren. Sie verstarb an den Folgen eines massiven Hirnödems! Ihr Leidensweg begann am 12.10.2011 und endete am 12.12.2011. Ihr Tod hätte verhindert werden können, wenn die Ärzte auf uns gehört hätten, denn niemand kennt sein Kind so gut wie wir. In ewiger Liebe, Hase ..... Mama und Papa. Ich habe meiner Lara seit einigen Wochen Gedanken geschickt, sie gebeten, dass sie mir ein Zeichen sendet. Da ich sehr oft im Wald unterwegs bin, bat ich sie, mir dort ein Zeichen zu schicken. Ich sagte ihr: „Egal wie, von mir aus auch als Eichhörnchen." ... Nun war ich vor zwei Tagen wieder einmal mit den Hunden unterwegs, und vor mir lief ein junges, kleines Eichhörnchen im Zickzack ... immer vor meiner Nase. ... Es kletterte auf einen Baum und blieb sitzen und beobachtete mich. Sobald ich an dem Baum vorbeiging, sprang es wieder auf den nächsten und dann wieder auf den Boden. Dort lief es erneut im Zickzack und wieder auf einen Baum. ... Ich blieb stehen. Wir waren vielleicht zwei Meter voneinander entfernt. Es putzte sich munter und nach einigen Minuten, die wir so verblieben, gab es ganz niedliche Geräusche von sich und verschwand ... Ich war schon lange nicht mehr so zufrieden.

Ich war mit dem Auto auf dem Weg zum Friedhof. Meistens rede ich dabei mit Lara. An einer Kreuzung musste ich stehen bleiben, während ich auf grün wartete. Ich sprach weiter mit Lara und sagte ihr, dass ich sie liebe. Dabei schaute ich nach links und sah im Schaufenster einer Apotheke ein Schild, auf dem 10 %, 20 % und 30 % Rabatt stand und als kleine Schrift darunter – „für immer". Im selben Moment lief im Radio ein Lied mit dem Titel „Für immer". „Oh man", dachte ich mir, „danke Hase, ich liebe dich für immer, so wie du mich."

Meine Gedanken an dich, mein Hase

... ich bin für dich bis an alle Grenzen gegangen und noch weiter, aber ich akzeptiere mein Schicksal und weiß, dass ich es nicht ändern kann. Ich bin mit dir ein Stück gestorben und doch habe ich genug Leben in mir, so dass ich weiter machen werde. Wahrscheinlich ist es eine große Hilfe, deinen kleinen Bruder Till, Alina und JP zu haben, und eine ebenso größere Hilfe ist es, Papa an meiner Seite zu wissen. Ich habe keine Angst mehr zu sterben, aber ich warte auch nicht sehnsüchtig darauf. Ich öffne mein Herz und lass dich in mir wohnen. Das gibt mir genug Kraft, mein Leben weiter zu leben. Ich vermisse jede Sekunde mit dir, jeden Streit, jeden Tag, an dem wir lachen und auch weinen konnten. Ich bin mir sicher, dass du nicht ganz gegangen bist. Du lebst in mir und Till weiter. Und alleine für dich, Lara, bleibe ich stark, denn du hättest mir einen riesigen Tritt in meinen Hintern gegeben, wenn ich nicht mehr die wäre, die ich war. Das macht mich stark: die Erinnerung und die Liebe an dich, mein Baby. Ich liebe dich unendlich - Mami.

Der Moment, in dem alles vorbei ist ...

Das Herz zerreißt, die Beine wackeln wie Pudding, die Ameisen befallen dein Gehirn, jeder Atemzug schmerzt, alles bricht zusammen und nichts ist real. Du schreist, weinst laut und leise, gemeinsam und allein. Du stirbst mit deinem Kind. Du willst tauschen, willst alles zurückdrehen, willst es einfach nicht akzeptieren, aber du musst. Es wird dir mit jedem Moment bewusst, dass dir alles genommen wurde, wofür du lebst.

Der Tag läuft an dir vorbei, der Tag, der wie eine Seifenblase dein Leben zerplatzen ließ. Und plötzlich merkst du, wie du wieder funktionieren musst. Ich fing an, für alles einen Plan zu machen. Wie soll sie beerdigt werden? Wen musst du alles in Kenntnis setzten? Dein Kopf arbeitet, und dein Körper steht still ... du weinst ein Meer voller Tränen, und du funktionierst weiter.

Die Wochen danach ...

Ich habe mich an manchen Tagen sehr allein gefühlt, war es aber nicht. „Ich brauche niemanden", dachte ich, „ich will mein Kind zurück." So vergingen die Tage. Ich habe Bücher gelesen, Bücher über Seelen. Öffnete mir selber die Augen, schöpfte Hoffnung, dass alles Bestimmung ist und dass es meiner Maus gut geht. Bis zur Beerdigung - der schwerste Gang - ... man fällt zurück in ein Loch und dann kam der Moment, in dem ich wieder klar sehen konnte. Ich wollte nicht am Boden liegen. Hätte es meine Tochter gewollt? NIEMALS!! Also ab ins Internet und such dir Hilfe! ... Ich erfahre, dass man uns „verwaiste Eltern" nennt, aber es gibt in meiner Stadt keine Gruppe, in der man sich austauschen kann. So surfe ich durchs Internet und finde LoD (Leben ohne Dich). Durch Zufall komme ich auf die facebook-Seite und finde sie: Menschen, die mich verstehen ... und die mich nicht aufgeben, die mich auffangen. Ein Netz, das man sich gegenseitig spannt, um niemanden fallen zu lassen. Niemand soll alleine bleiben und es tut so gut, zu erfahren, was Unterstützung ist. Du liest und liest, schreibst und schreibst, wirst offener und siehst deine Welt wieder in Farben. Du erweiterst deinen Horizont, bekommst „Zeichen" von den Kindern zu lesen und freust dich über jeden, der einen Schritt nach vorne, aus der Trauer, macht!

Mein Leben hat sich verändert, meine Sicht und Denkweise nicht. Sie hat sich verstärkt. Mit jedem Tag ohne mein Kind wachse ich, stelle ich mich neuen Aufgaben, lebe und lache. Ja, ich lache und weine gleichzeitig. Ich lebe für meine Tochter und für meine Familie.

Mein Schicksal zu akzeptieren und daran zu wachsen, das ist meine Aufgabe, meine Herausforderung ... Anderen Eltern zu helfen und mich selbst nie aufzugeben, das ist mein Motto.
Meine Lara in meinem Herzen zu tragen und mein Leben so zu leben, dass Lara unvergessen bleibt, ist mein Ziel.

Das letzte Zeichen habe ich in Form eines Bildes bekommen. Wie man sehen kann, ist da das Bild eines Kindergesichtes auf der Lehne unseres Küchenstuhls, und wenn man es nach rechts dreht, sieht man Lara.

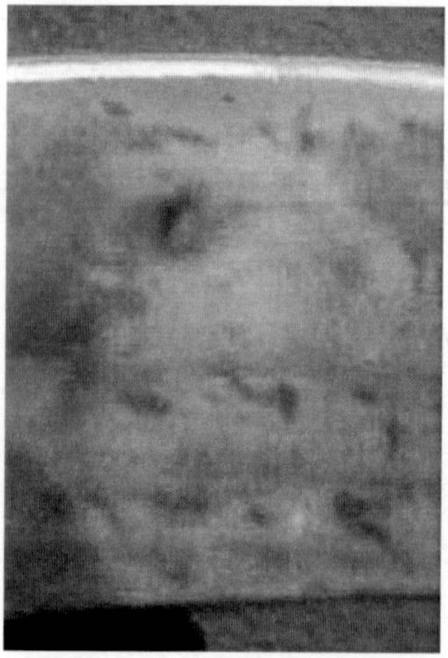

Mehr muss ich nicht haben, um zu wissen, dass mein Baby bei mir ist ...
Mama liebt dich über alles, Hase!!!!

Tanja K.

Lisa D.

*28.02.2007 +11.05.2007

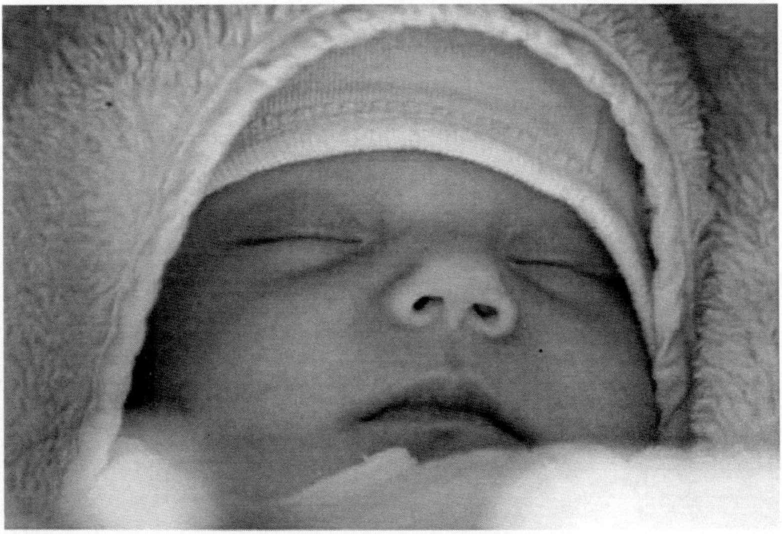

Mein Kind Lisa

Meine Tochter Lisa kam am 28. Februar 2007 zur Welt. Sie ist mein viertes von fünf Kindern. Sie wurde vom ersten Augenblick an geliebt und wird es bis zu unserem letzten Augenblick. Am 11. Mai 2007 verstarb sie in meinen Armen an SIDS (Sudden Infant Death Syndrome). Niemals werden wir eine Antwort auf die Frage „Warum?“ bekommen. Niemals werden wir es verstehen, doch wir haben gelernt, damit zu leben, und wir haben gelernt, wieder glücklich zu sein - auch wenn eines meiner Wunder fehlt. Lisa ist immer bei uns - das wissen wir ganz sicher.

Nun meint man, man könne über so einen kleinen Wurm nicht viel erzählen. Doch wir haben viele Geschichten über sie, denn sie war schon seit ihrer Geburt ein einzigartiges Kind.

Sie konnte so schön lachen - besonders gerne, wenn ich ihr vorsang, wobei ich noch immer überzeugt bin, dass sie mich ausgelacht statt angelacht hat. Ihr Papa trug sie oft nachts durch das Schlafzimmer, wenn sie nicht schlafen konnte, und erzählte ihr, wie sein Tag gewesen war, und sie hörte richtig zu und gab ihm dann auch Antworten. Noch immer kommen mir die Tränen, wenn ich daran denke, wie schön es war, die beiden so zu sehen. Welch eine Einheit sie doch waren. Sie hat ihn immer angesehen, als könnte sie durch ihn in den Himmel schauen. Sie hasste es, nackig zu sein, das waren die einzigen Momente, wo sie weinte. Ansonsten war sie immer glücklich und lachte. Sie liebte es, ihrem Bären auf der Spieluhr zuzusehen, wenn er sich im Kreis drehte. Es war immer ein ganz bestimmter Bär, denn wenn dieser über ihr war, lachte sie so schön. Wenn ihre Geschwister um sie waren, genoss sie das ohne Ende. Sie konnte ihren Kopf schon so lange hochhalten. So viele Dinge waren bei ihr schon so weit, so ganz anders, als bei meinen anderen Kindern, die mit zwei Monaten doch meistens schliefen. Einmal sagte mein Mann zu mir: „Was unsere Lisa alles kann. Man könnte meinen, sie hat Angst, etwas zu verpassen.“ Ich sagte ihm nur darauf: „Wir haben eben ein sehr kluges Kind.“ Und dennoch steckte so viel Wahrheit drinnen. Heute denke ich, sie wusste einfach, dass sie nicht lange hier ist und darum war sie so oft wach, damit sie alles mitbekam, was nur ging.

Ich kann leider nicht schreiben, was ihre Lieblingsfarbe oder ihr Lieblingsessen war, welches Tier sie liebte. Ich kann euch nicht erzählen, wie schön Weihnachten für sie war, wie ihre Augen gestrahlt haben, als sie ihren ersten Geburtstag gefeiert hat. All diese Dinge habe ich nie mit ihr erleben dürfen. All diese Dinge kann ich nur erahnen, wie sie gewesen sein könnten. Eines aber kann ich euch sagen: „Es waren die schönsten zwei Monate und elf Tage in meinem Leben und sie war ein glückliches und zufriedenes Baby, aus dem die pure Liebe schien.“ Sicher, sie hatte auch ihre Macken wie: Ich mag nicht gebadet werden oder igitt Fencheltee. Und dennoch hat sie so ein großes Loch, eine so große Lücke in unserem Leben hinterlassen - und dennoch lebt sie hier weiter bei uns - in uns. Jeden Tag denke ich an sie und oft bringen ihr ihre Geschwister Blumen an den Altar, malen ihr Bilder oder basteln etwas für sie. Auch ihre kleine Schwester, die kurz vor ihrem ersten Todestag zur Welt kam, erzählt, dass sie Lisa liebt. Als wir damals einen Grabstein aussuchten für unser Kind, sagte der Steinmetz zu uns: „Tot ist nur der, an den man nicht mehr denkt.“ Ich habe mir damals vorgenommen, dafür zu sorgen, dass man immer an sie denkt und wenn es nur Fremde sind, die an ihrem Stein vorübergehen und einen kurzen Moment stehen bleiben und an sie denken. So kann sie niemals vergessen werden.

Was sie uns hinterlassen hat, ist Liebe - die wahre Liebe. Durch ihren Tod sind wir uns noch viel näher gekommen. Heute weiß ich das. Heute spüre ich das. Und heute lebe ich mein Leben anders, ich lebe es nicht wie in den letzten Jahren, denn damit konnte ich nie viel anfangen. Aber jetzt lebe ich mein Leben für mich und meine Familie. Denn - wenn ich eines Tages meinem Kind folge, und es mich dann fragt: „Mama hast du alles gemacht, was du machen wolltest in deinem Leben? Oder hast du irgendetwas verpasst?“ Dann möchte ich sagen: „Ich habe alles erlebt und alles erreicht, was ich erreichen wollte.“ Denn ich würde nicht gehen wollen mit dem Gefühl, etwas vergessen zu haben. Ich versuche, nun auch meinen Kindern diesen Weg zu ebnen. Versuche, ihnen zu zeigen, dass man mit Mut und Selbstbewusstsein alles machen kann, was man gerne machen will. Auch wenn es Menschen gibt, denen ihr Weg nicht gefällt, sollen sie stets auf ihr Herz hören und auf sonst nichts.

Als mein Kind starb, ging ein Teil von ihr. Doch ich habe gelernt, damit zu leben. Und ich weiß, dass mein Kind stolz auf mich ist, wie ich mein Leben meistere. Und wenn ich doch wieder traurig bin, sitzt sie an meiner Seite und streichelt mir die Tränen aus dem Gesicht.

Die Katze

Ein Zeichen schickt sie ihrem Papa - und das nun schon, seitdem sie nicht mehr bei uns ist. Mein Mann muss sehr früh raus aus dem Bett und ist oft schon um drei Uhr nachts auf dem Weg zur Arbeit. Eines Tages kam er nach Hause und erzählte mir, dass ihm seit neuestem eine Katze über den Weg läuft. Und nun fragt nicht: Warum eine Katze? Aber es ist nun mal eine und es ist auch stets die gleiche - eine Schwarzweiße. Sie begegnet ihm so etwa vier bis fünf Kilometer von uns zu Hause weg - immer an derselben Stelle - aber nicht jede Nacht. Zurzeit kommt sie nicht mehr so oft. Doch wenn sie da ist, ist sie beeindruckend und einfach nur ein wahres Zeichen.

Ich weiß, es hört sich für den einen oder anderen verrückt an. Ich weiß aber auch, dass es viele gibt, denen es so geht wie uns. Und dann kenne ich wieder welche, die wünschen es sich auch: ein ZEICHEN ihres Kindes.

Auch wissen wir sicher, dass dieses Zeichen nur für ihren Papa ist. Als Rosalie - Lisas Schwester - zur Welt kam, hatte ich so schreckliche Angst, es könnte auch sie treffen, und Gott mir noch ein Kind nimmt. Ich bat in einer Nacht, als die Angst wieder am stärksten war, so innig um ein Zeichen. Doch sie schickte mir einfach keines - keine Taube, keine Spinne, kein Licht, das an und aus ging. Nichts - und so bat ich sie ein letztes Mal, sie solle mir doch bitte mit ihrem Zeichen sagen, ob Gott mir meine Rosalie lässt. Und wenn ich keines erhalten soll, so gäbe ich mich damit zufrieden, dass ich es eben nicht wissen darf. Noch im Halbschlaf sagte ich in Gedanken zu ihr: „Wenn Rosalie nichts passiert, sie nicht an SIDS sterben muss, dann schickst du Papa seine Katze ja?“ Nun denkt ihr sicher: Ja klar, ist doch einfach. Sie kommt doch eh so oft vorbei. Aber nein, ihr täuscht euch. Hört gut zu: Am nächsten Tag gleich früh rief ich meinen Mann an und aufgeregt, bevor ich etwas sagen konnte, sagte er mir: „Stell dir vor, was heute Nacht passiert ist? Ich geh zur Tür raus und möchte gerade mit dem Auto wegfahren, da steht an unserer Hofeinfahrt ‚meine schwarzweiße Katze’.“ Und nun seid ihr dran – sagt: Ist das kein Zeichen?

Ich möchte hier noch hinzufügen, dass wir hier in unserem Dorf keine schwarzweißen Katzen haben. Denn ich kenne sie alle hier. Und eine Katze läuft nie so weit weg von zu Hause, erst recht keine fünf Kilometer. Und das sind wahre Zeichen.

Die Taube

Meine Tochter lebt noch. Das weiß ich, denn ich kann spüren, dass sie bei mir ist. Sie schickt mir Zeichen - und ganz selten darf ich ihre Hand in meiner spüren.

Und wenn es dann soweit ist, dann spüre ich tief in mir ihre Liebe zu mir. Das sind dann die Momente, in denen ich weiß, sie wartet auf mich. Das sind die Momente, wo auch mein Herz kurz wieder lacht.

Sie hat verschiedene Zeichen für uns, und eines davon - eines der schönsten - ist die Taube, darum ist auch hier eine Taube zu sehen. Sie sieht meiner Taube sehr ähnlich. Mein Mann nannte Lisa immer Täubchen - unser Kind. Es war schon bald ein Monat vergangen, seit sie ging, da fing es an. Da sagte mein Gefühl mir: „Geh zum Friedhof! Dort wartet jemand auf dich.“ Ich fuhr also los, und als ich da saß an ihrem Grab und weinte, hörte ich plötzlich ein Gurren im Baum und haltet mich für verrückt - es ist mir egal - aber die Taube gurrte, als wollte sie sagen: „Ich liebe dich.“ Mein Herz bekam einen Stich, und ich wusste, dass diese Taube auf dem Baum dort nur für mich war. Meine Tochter schickte sie mir und sagte mir, dass sie bei mir ist. Und seit diesem Tag ist es immer so, dass diese eine Taube dort auf diesem einen Baum sitzt und zu mir runter gurrt, wenn es mir schlecht geht und ich bei ihr bin.

Hilfe – der Käferschwarm

Diese Geschichte bringt mir immer wieder ein Schmunzeln auf die Lippen. Denn unsere Lisa versteht es uns zu ärgern, was man eben so macht als kleines Kind.

Es ist noch gar nicht so lange her - höchstens zwei Monate - als mein Mann und ich nach draußen in den Hof gingen. Plötzlich - so etwas habe ich noch nie in meinem Leben gesehen - kamen von überall her lauter kleine schwarze Käfer, und ich lüge euch nicht an, es waren Tausende von diesen kleinen Dingern - und nur bei uns im Hof. Keiner flog zum Nachbarn rüber.

Sie setzten sich überall ab. Auf uns, auf unserem Vordach, an den Wänden, überall sah man nur noch kleine schwarze Punkte. Wir kamen uns vor, als würden wir in dem Film „Die Killerkäfer“ mitspielen. Mein Mann fing an, laut zu schimpfen. Denn es war, als hätten sie es nur auf ihn abgesehen. Ja, auf mir waren schon auch welche, aber auf ihm hockten sie, als wäre er aus purem Honig. Verzweifelt wischte er sich diese Dinger ab, doch je mehr er es versuchte, umso mehr kamen sie auf ihn zu - und so suchten wir uns einen Ort, wo sie uns nicht fanden. Die Tür trauten wir uns nicht aufzumachen, damit sie nicht ins Haus flogen. Also liefen wir zur Garage und urplötzlich war das ganze Schauspiel wieder vorbei. Dass es Lisa gewesen war, wurde uns erst später klar. Denn eine Stunde danach ging ich zu ihr ans Grab, um ihre Blumen zu gießen, und da hockten auf einer weißen Rose fünf dieser kleinen schwarzen Käfer.

Der gelbe Tennisball – ein Zeichen für ihren Bruder

Es war erst vor ein paar Monaten - im Sommer 2009. Da habe ich meinen Sohn vom Fußball abgeholt. Er hat mir stolz einen Tennisball gezeigt, den er dort gefunden hat. Und er fragte, ob er ihn behalten dürfe. Ich sagte: „Warum denn nicht, den wird schon keiner vermissen." Und so fuhren wir noch zu Lisa, um eine neue Kerze anzünden. Ich hab ihm noch gesagt, dass er den Ball im Auto lassen soll, weil ich nicht wollte, dass er ihn gleich wieder verliert. Und als wir auf dem Weg zum Friedhofstor waren, sah ich schon von weitem einen gelben Tennisball mitten auf dem Weg vom Friedhof liegen. Nun sagte ich zu meinem Sohn, warum er denn den Ball doch mitgenommen und über das Tor geschmissen hätte. Da sah er mich erstaunt an und sagte, dass er das gar nicht getan hätte, und der Ball ja noch im Auto liegen würde. Worauf ich ihm sagte, er solle mich nun nicht anschwindeln, denn ich sähe ja den Ball. Ich hätte nur nicht gesehen, wie er ihn weggeworfen hatte, denn er ging ja genau neben mir. Aber er schwor, dass er ihn im Auto haben würde und wir könnten ja nachsehen, wenn ich es ihm nicht glauben würde. Doch ich glaubte ihm, denn warum sollte er mich auch anlügen - und tatsächlich lag da ein zweiter Tennisball. Beim Auto zurück, zeigte er mir den ersten Ball und tatsächlich hatte er zwei Bälle in der Hand. Wir waren beide so baff und überzeugt davon, dass ihn nur Lisa da hingelegt haben konnte. Denn warum sollte mitten auf dem Friedhof ein Tennisball liegen. Voller Stolz behütet er nun diese beiden Bälle, als wären sie ein Schatz. Ein Schatz, der ihn immer daran erinnert, dass seine Schwester ihn nicht vergessen hat.

Er ist sehr stolz auf seine Schwester und auch wenn er sie oft vermisst, weiß er eben genau durch solche Zeichen, dass sie noch immer bei uns ist. Wir vermissen sie sehr.

Lisa auf der Bank

Hallo, ich bin Lisas Papa. Ich wollte euch mal von meinem Kontakt zu Lisa erzählen. Karin hat ja schon von verschiedenen Zeichen von ihr erzählt. Nun möchte ich mal schreiben, was ich gestern in der Bank erzählt habe. Also, ich hatte gestern einen Termin wegen unserem Kredit und während verschiedene Formulare gedruckt wurden und ein Kollege der Bankkauffrau noch einiges kopierte, wollte ich mich noch über die Riesterrente und das Sparen für die Kinder informieren. Die Beraterin zeigte mir verschiedene Möglichkeiten und musste dazu auch die Daten der Kinder eingeben. Und da tauchte auf einmal Lisas Name auf. Ich habe dann die Bankfrau gefragt, warum da jetzt Lisa stehen würde, weil ich ja noch gar keinen Namen gesagt habe. Sie sagte, das wäre so wie Max oder Erika Mustermann. Aber jedes Mal, wenn sie die Daten neu berechnen wollte, weil sie verschiedene Sparbeträge ausrechnen wollte, stand wieder bei den Namensfeldern Lisa dort. Die Bänkerin wurde dann schon langsam sauer auf ihr Programm, weil sie jedes Mal die Namen neu eingeben musste, und sie sagte, der Computer müsse eigentlich die Namen speichern, so dass sie nur den Betrag ändern müsse. Aber immer, wenn sie den Betrag geändert hatte, waren die Daten der Kinder wieder gelöscht. Und das war erst beim Riesterprogramm so und dann auch noch beim Sparen für die Kinder. Jedes Mal wurden die Namen nicht übernommen und sie musste fünf oder sechs Mal alles neu eingeben. Nur Lisa stand immer wieder da. Ich hatte ja schon auf ein Zeichen gehofft und auch darum gebeten, wegen unserem Kredit, ob damit alles klappt. Aber dass die Zeichen aus der geistigen Welt so deutlich ausfallen, hätte ich nicht gedacht. Einfach irre, oder? So seid gegrüßt und gedrückt.

Die Ringe

Mein Mann hat die Angewohnheit, seine Eheringe zu verlieren. Und an einem Freitag war es wieder einmal soweit. Er zog ihn ab und merkte es erst am Samstagnachmittag, dass er nicht mehr an dem Finger war, wo er ihn sonst trug. Den ganzen Nachmittag suchten wir nach dem Ring. Sogar auf dem Fußballplatz, wo er noch früh mit den Kindern war, beim Bäcker, überall - das ganze Haus wurde auf den Kopf gestellt. Nichts - der Ring war weg – schon der vierte übrigens.

Traurig gaben wir auf. Ich suchte im Internet nach neuen Ringen und fand auch welche.

Ich fand, diese Ringe waren wie für uns gemacht, denn der Satz, der auf den Ringen stand, sagte alles, was wir alle füreinander sind. Ich freute mich, dass wir so passende Ringe gefunden hatten und wollte sie am Montag, sobald wir die Größen wussten, auch gleich bestellen.
Später, als ich in die Küche ging und noch voller Freude über die neuen Ringe war, verschüttete ich meinen Kaffee. Ich nahm den Lappen hoch, um aufzuwischen - und da flog der Ehering meines Mannes aus dem Lappen. Gerade, als ich den Gedanken hatte, dass ich doch so einen Klang schon die letzten Tage mal gehört hatte, und ich versuchte, mich daran zu erinnern, wann es denn war - machte es kling und da war er wieder, der Ring meines lieben Gatten. Am Sonntag darauf - ich war immer noch hin und weg, weil der Ring wieder so auftauchte, obwohl wir sicher wussten, dass er 15 Minuten vorher nicht in diesem Lappen war, wurde mir bewusst, dass das mein Zeichen war, um das ich die Tage meine Lisa so sehr gebeten hatte. Mir wurde dann auch klar, dass es nicht der Ring war, der so geheimnisvoll wieder auftauchte, sondern dass es der Satz war, der auf den Ringen stand, die ich neu kaufen wollte, den mein Kind mir sagen wollte.

„Ein Leben lang an deiner Seite“

Mein Kind hat sehr komische Arten zu zeigen, dass sie noch immer da ist.
Aber dennoch wunderschöne und eindeutige!
Und dafür danke ich ihr jeden Tag.

Wir haben die Ringe nun doch gekauft. Ich habe sie meinem Mann zu Weihnachten geschenkt und zum ersten Mal strahlten seinen Augen wieder. Seit Lisa weg ist, hat er es nicht mehr getan, und das Strahlen war mein Geschenk - das schönste und unbezahlbarste.

Nun könnte ich unendlich weiter erzählen von meinem Lisakind und ihren Zeichen. Doch in den fünf Jahren, seit sie nun im Himmel lebt, haben wir so viele erhalten, dass ich schon ein eigenes Buch schreiben könnte.

Ich wollte euch hier nur gerne von denen erzählen, die für uns am deutlichsten waren und für die wir bis heute keine Erklärung finden. Genau deshalb sind diese ZEICHEN - EIN BEWEIS DER LIEBE.

Karin D.

Maik B.

*29.08.1987 +20.06.2008

Maik war unser absolutes Wunschkind und kam am 29.08.1987 in Berlin auf diese schöne Erde. Er war ein sehr lebhafter und fast immer, zumindest bis zur Pubertät, ein fröhlicher Junge. Angst kannte er keine, was uns wiederum oft erschreckte. Er sprang schon mit zwei Jahren ins tiefe Wasser und kletterte auf die höchsten Bäume. In der Schule legte er nicht allzu viel Ehrgeiz an den Tag, eckte oft bei den Lehrern an und diskutierte einen in Grund und Boden, wurschtelte sich aber so durch und schaffte auch seinen Abschluss. Nach der 10. Klasse absolvierte er eine Ausbildung zum Bodenleger, die er auch abschloss - und danach arbeitete er bei verschiedenen Firmen. Auch die Prüfungen während der Ausbildung und die Führerscheinprüfung schaffte er immer beim ersten Mal.

Er war 20 Jahre alt und wir dachten, jetzt sei das „Gröbste" überstanden. Wir waren zuversichtlich, dass unser Sohn sein Leben meistern wird.

Maik hat sich am 12.06.2008 abends um ca. 18.00 Uhr von uns verabschiedet und gesagt „Tschüss und einen schönen Abend noch", dann ist er mit Kumpels in eine Kneipe Fußball gucken gegangen (Fußball-EM). Früh um vier Uhr haben sie stark alkoholisiert auf der Straße Lärm gemacht und gegen eine Haustür geschlagen, so dass irgendjemand die Polizei gerufen hat. Als Maik die Polizei sah bzw. hörte, ist er abgehauen, durch ein Gebüsch gekrochen und über eine ca. 80 cm hohe Mauer gesprungen. Dahinter befand sich eine Tiefgarageneinfahrt für LKW und er ist acht Meter in die Tiefe gestürzt. Seinen Kumpel haben sie erwischt, er kam eine Nacht in die Ausnüchterungszelle und dann wieder raus. Maik lag noch eine Woche im Krankenhaus, hatte aber so starke Kopfverletzungen, dass er dann am 20.06.2008 gestorben ist, ohne noch einmal aufzuwachen.

Seitdem hat sich unser Leben total verändert. Nichts ist mehr wie es war. Wir mussten uns total neu orientieren und einen neuen Sinn finden. Wir sind eigentlich immer noch dabei, auch nach vier Jahren.

Maik hatte einen absoluten Gerechtigkeitssinn und verteidigte seine Freunde, wo immer er konnte. Viele Eigenschaften unseres Sohnes haben wir erst jetzt durch den Kontakt zu seinen Freunden so richtig schätzen gelernt. Die Freunde von Maik sind für uns eine sehr große, fast die größte Stütze, die wir haben. Dadurch, dass wir an deren Leben teilhaben können und sie an unserem, bringt uns das jedes Mal unserem Maik ein Stück näher.

Auf der Suche nach Hilfe bin ich im Internet auf den Verein „Leben ohne dich“ gestoßen. Dort knüpfte ich Kontakt mit anderen verwaisten Eltern. Es haben sich intensive Freundschaften entwickelt. Außerdem gehen wir jeden Freitag zum offenen Familientreff in das Kinderhospiz „Sonnenhof“ in Berlin-Pankow. Der Austausch mit betroffenen Eltern ist für uns die einzige richtige Hilfe. Wir haben auch Familie und Freunde, die immer für uns da sind, aber mit Betroffenen ist es etwas ganz anderes. Auch wenn jeder anders trauert, sie wissen genau, wie wir uns fühlen.

Zu den nachfolgenden Zeichen unseres Sohnes sei noch erwähnt, dass wir weder konfessionell noch anderweitig gebunden sind bzw. erzogen wurden. Für uns war immer nach dem Tod das Ende. Danach gab es nichts mehr. Nun wurden wir durch unseren Sohn eines Besseren belehrt.

Hier nun unsere Zeichen

Einige Wochen nach Maiks Tod fing unser Laptop von alleine an, ganz komische Geräusche zu machen. Er war zwar an, aber keiner machte an ihm irgendetwas - und trotzdem kamen immer diese Geräusche wie beim Solitärspielen raus - Klick, Klick, Klick - Mein Mann spielt leidenschaftlich gern Solitär und das schon seit Jahren. Immerzu diese Klickgeräusche aus dem Laptop, es war schon unheimlich.

Ich war in letzter Zeit immer öfter auf der Suche nach einem Medium, ich wollte wissen, ob das wirklich geht, Kontakt zu meinem verstorbenen Sohn, das wäre für mich das Größte. Durch den Kontakt zu anderen verwaisten Eltern hatte ich davon gehört und war von diesen Berichten total begeistert. Nur woher ein Medium bekommen, also suchte ich oft nächtelang im Internet. Wenn man nur das Wort „Jenseitskontakt“ in die Suchmaschine eingibt, erscheinen sofort tausende von Seiten, wie sollte ich mich da bloß durchfinden? Auch haufenweise unseriöse Seiten mit teuren Telefonnummern erschienen. Jedenfalls wurden diese Klickgeräusche immer intensiver – das ging wochenlang so.

Dann hatte ich endlich eine Seite gefunden, die mich ansprach. Ganz schlicht, ohne viel Drumherum, eine Frau in Falkensee gab an, auch Jenseitskontakte herstellen zu können. Bei diesen vielen Seiten, die ich mir angeschaut hatte, blieb ich bei dieser Seite hängen. Irgendwie wusste ich sofort, das ist die Richtige. Einige Tage später rief ich dort an und machte einen Termin für mich und meinen Mann aus. Nach diesem Telefonat wurden die Klickgeräusche auf unserem Laptop immer weniger und nach dem Treffen bei diesem Medium in Falkensee, das einfach unglaublich war, denn wir hatten Kontakt zu unserem Sohn, hörten diese Geräusche wieder auf.

Was noch dazu kam, meine Schwester suchte ebenfalls für uns nach einem Medium in der Nähe von Berlin und blieb auf derselben Seite hängen wie ich- das ist doch auch unglaublich bei diesen vielen Angeboten im Internet. Sie rief mich eines Tages an und wollte mir mitteilen, dass sie ein interessantes Medium in Falkensee gefunden hatte. Ich hatte ihr bis dahin noch nichts erzählt, wollte das erst mal für mich behalten. Das kann doch nur Maik gewesen sein, der uns beide auf diese Seite geführt hat.

Unvorstellbares erlebt:

Kongress der englischen Medien und Heiler in Vlotho 23.-25.10.2009
Ich schreibe jetzt nur, was uns persönlich betroffen hat. Während der Demo waren wir nicht dran, aber viele andere Menschen.

Aber in der Pause sprach uns eine Frau an, die hinter uns saß und fragte, ob sie uns was sagen dürfe. Wir bejahten dies natürlich. Sie sagte: „Ihr Sohn steht die ganze Zeit hinter Ihnen." Zu mir dann: „Sie haben es gemerkt." Zu Jürgen: „Sie aber nicht, sie sind noch nicht so weit." Ich hatte wirklich während der Demo die ganze Zeit das Gefühl, als ob von links ein kalter Schauer mich überströmt. Sie sagte, er sei ganz oft bei uns. Ich war natürlich völlig aufgelöst und musste weinen. Es war aber ein wunderschönes, unbeschreibliches Gefühl.

Jürgen ist dann noch mal zu ihr hin und wollte mehr wissen. Sie ist auch ein Medium.

Dann sagte sie uns noch, dass wir zu Hause ein Foto von unserem Sohn stehen haben, worauf er ganz besonders guckt (auf einem Foto schaut er von unten nach oben, er schaut dem Betrachter direkt in die Augen). Sie sagte, vor dem Foto stehe eine Kerze (auch das stimmt) und ich soll die Kerze öfter anzünden (auch das stimmt, ich mache nicht oft Kerzen an). Das fand ich schon unglaublich, denn alle Eltern, die ich kenne, haben immer viele Kerzen an, ich hatte es nie so mit Kerzen, aber seit dieser Botschaft machen wir sofort die Kerzen an, wenn wir nach Hause kommen.

Nun will ich noch berichten, was bei uns zu Hause am Dienstagabend (29.09.2009) passiert ist. Wir haben einen großen Fernseher, der in der Ecke vom Wohnzimmer steht. Noch ein älteres Modell, neun Jahre alt, noch kein Flachbildschirm. An der Vorderseite ist ein großer Knopf, wenn man auch den Standby-Betrieb ausschalten möchte. Diesen benutzen wir aber nie, höchstens wenn wir in den Urlaub fahren. Neben diesem Knopf ist eine kleine Klappe, die man zum Öffnen kurz eindrücken muss. Da ist der Anschluss für Kopfhörer drin und die Knöpfe für die Lautstärkeregelung, falls die Fernbedienung nicht geht. Diese Klappe haben wir noch nie geöffnet, vielleicht mal vor neun Jahren, als der Fernseher neu war. Man muss da auch richtig reindrücken, damit sie sich öffnet.

Als wir Dienstagabend nach dem Sport um 21:00 Uhr nach Hause kamen, war die Klappe offen!!!

Eines Tages, ich glaube es war am Wochenende, saß ich in der Badewanne und mein Mann im Wohnzimmer. Auf einmal hörte ich es sehr laut scheppern. Ich dachte, mein Mann hätte was runterfallen lassen und er dachte, ich hätte im Bad was zerscheppert. Nachdem wir festgestellt hatten, dass weder er noch ich was umgeworfen hatte, gingen wir auf die Suche. Im Flur haben wir eine Pinnwand über einem Schuhschrank hängen. An dieser Pinnwand hängt Maiks Wohnungsschlüssel, den bis zu diesem Zeitpunkt niemand mehr benutzt hatte, an einem Pin. Der Schlüssel ist von der Pinnwand auf den Schuhschrank und dann auf den Boden gefallen, obwohl niemand dort war. Also es hat nichts gewackelt oder so. Der Pin steckte auch noch in der Pinnwand, nur der Schlüssel war runtergefallen. Davor und danach ist nie wieder was von dieser Pinnwand abgefallen. Wenn der Pin mit abgefallen wäre, hätten wir dafür eine Erklärung gehabt, aber so??? Für uns eindeutig ein Zeichen von unserem Sohn.

Eigentlich spüren wir Maik fast täglich, man kann es schwer beschreiben. Wie beschreibt man Gefühle? Man muss es selbst erlebt haben, um es zu verstehen. Solche Gefühle hatte ich früher nie. Zum Beispiel hat mein Mann sehr oft das Gefühl, dass ihm jemand über den Kopf streichelt (so als wenn man durch den Wald geht und durch Spinnweben kommt). Für uns ist jetzt alles möglich, es gibt nichts mehr, was es nicht gibt, nur weil wir es nicht kennen, nicht sehen oder nicht verstehen.

Andrea B.

Marcel R.

*06.03.2001 +21.07.2010

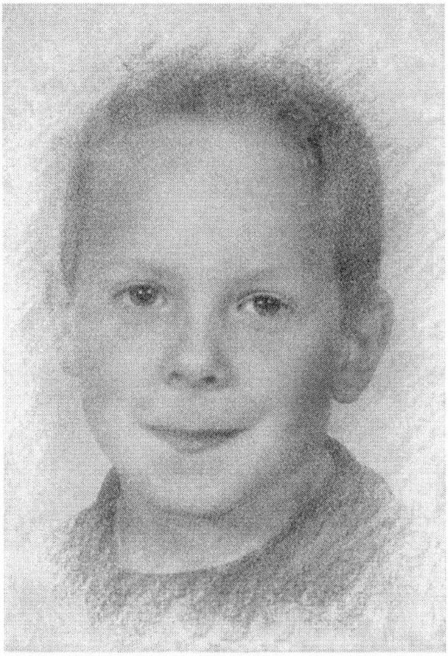

Marcel ging zu den Sternen am 21.07.2010. Es war ein Mittwoch, als meine Kinder wie so oft zum Schwimmen fahren wollten. Morgens um 10 Uhr machten sie sich auf den Weg. Um 10:37 Uhr betraten sie das Schwimmbad, das schon sehr voll war. Um 10:50 Uhr ging der Notruf in der Zentrale ein und Marcel war schon auf dem Weg zu den Sternen. Er ist ertrunken.

Ich habe gerade Wäsche aufgehängt, als ein rotes Auto vor der Tür parkte. Meine Tochter Patricia stieg aus dem Wagen - mit einer mir unbekannten Dame. Ich fragte mich, wo mein Sohn sei, aber ich sah ihn nicht. Sie kamen hoch in die Wohnung. Die mir unbekannte Frau stellte sich als Seelsorgerin vor und sagte mir, es sei etwas passiert. Marcel hätte einen Unfall gehabt, sei aber soweit okay und zu weiteren Untersuchungen im Krankenhaus. „Puh", dachte ich, „Gott sei Dank geht es ihm gut." Die Dame fuhr wieder davon mit den Worten: „Alles Gute für Sie." Wir machten uns fertig, um sofort in die Klinik zu fahren. Da schaute ich noch einmal aus dem Fenster ... und ich sah, wie die Frau wieder vor dem Haus parkte.

In dem Moment wusste ich es: Marcel ist tot. Denn warum sollte die Frau ein zweites Mal vorbei kommen? Ich sollte Recht behalten: Du warst schon auf deine Reise gegangen. Marcel, du durftest nur neun Jahre alt werden.

Am 29.07.2010 war der Tag des Abschieds. Ein paar Tage nach der Abschiedsfeier waren wir wieder an Marcels neuem Zuhause. Ich saß auf der Bank und schaute einfach nur in den Himmel. Da huschten meine Augen einmal kurz über seine ganzen Blumen und wieder zurück, denn dort auf dem Hügel saß ein Eichhörnchen. Es hockte dort und schaute zu mir. Ich stand auf und ging ganz langsam zu ihm hinüber. Ich dachte: „Es läuft sowieso weg." Aber nein, es blieb einfach dort sitzen. Nach einer Weile huschte es den Baum hoch, der direkt dort steht. Es blickte immer zu mir herunter. Ab dem Tag war es jeden Tag da, wenn ich hinkam. Es hockte immer zwischen den Gestecken oder auf dem Baum. Ich brachte ihm Nüsse mit, denn dort stehen so viele Bäume mit Haselnüssen. Ich legte sie immer an die gleiche Stelle hin, und am nächsten Tag waren sie nicht mehr da. Seit ca. Mitte Oktober 2010 habe ich es aber nicht mehr gesehen. Ich hoffte immer, dass es wiederkommt - aber bis jetzt kam es leider nicht mehr.

Im November 2010 bin ich mit Vivien zum Friedhof gefahren. Wir wollten Marcels neues Zuhause für den Winter herrichten. Die Sonne schien und es war sehr kalt. Nach einer Weile schaute ich zu Vivien hinüber, sie saß in der Karre und starrte in den Himmel. Sie sagte: „Mami, schau mal, Marcel winkt uns zu." Ich schaute sie fragend an und sie erwiderte: „Mami, nun schau doch mal und wink zurück." Seither, wenn wir unterwegs sind, schaut sie immer nach oben und sagt: „Mami, mein Bruder winkt schon wieder."

Wir haben Samstag, den 24. März 2012 - der Monat, in dem du geboren bist und deine Schwester Samira ihre Taufe hat. Heute waren wir den ganzen Tag mit den Vorbereitungen für die Taufe beschäftigt. Nach einer Weile musste ich eine Pause machen, wir gingen auf den Balkon, auf dem du immer so gern gesessen hast. Wir standen dort und schauten uns um. Papa und ich überlegten, wann wir den Boden neu machen. Denn schön sieht er nicht mehr aus. Ich räumte etwas zur Seite und wir schauten nicht schlecht. Dort war ein Bild auf dem Boden, welches aussieht wie ein Drache. Dein Lieblingstier auf unserem Balkon? Kann nicht sein - und doch er ist da.

Ist es ein Zeichen von dir? Willst du uns damit sagen: „Hey, ich bin noch hier!"

Als wir die Nachricht bekamen, dass du auf die andere Seite gewechselt bist, ist die Welt geschrumpft und mein Herz zerbrochen. Wir müssen jeden Tag lernen damit zu leben und umzugehen, dass du nicht mehr da bist.

Du warst immer so ein fröhliches Kind und auch sehr oft ein kleiner Rabauke. Wir haben von Anfang an viel durchmachen müssen. Als du das Licht der Welt erblicktest, fing schon alles an, als die Ärzte uns sagten: „Ihr Sohn hat einen elften Finger." Aber das schockte mich nicht. Nach einem Jahr nahmen sie ihn dir.

Später als du älter wurdest warst du sogar stolz drauf und hast jedem deine Narbe gezeigt.

Du hast uns einmal eine riesengroße Angst eingejagt, als du in Anderbeck in den Teich gefallen bist. Deine große Schwester hat sofort ihre Sachen ausgezogen und ist dir hinterher gesprungen. Sie hat dir damals das Leben gerettet. Nachher habt ihr herzhaft darüber gelacht, ich fand das überhaupt nicht lustig und ich war so froh, dass nichts Schlimmes passiert war.

Als ihr einmal im Dorf unterwegs wart und nach Hause gekommen seid, erzählte deine Schwester, dass du aus einer Pfütze getrunken hast. Ich fragte dich: „Warum?“ und du sagtest ganz trocken: „Ich hatte Durst!“ Da musste ich sehr lachen über dich. Aber solche Dinge waren bei dir ja normal.

Ich sage nur Fahrrad fahren von einem Berg direkt durch die Brennnesseln. Alle Kinder fuhren durch, nur du nicht, du bliebst mitten drin stehen und stiegst vom Rad ab und ranntest so durch in kurzer Hose.

Als wir vom Dorf in die Stadt zogen war leider nichts mehr wie vorher. Ziemlich schnell mussten wir feststellen, dass du dich sehr verändert hast. Du suchtest dir Freunde, die viel älter waren und wir mussten dich so gut wie jeden Abend suchen, da du es nicht geschafft hast, pünktlich zu Hause zu sein. Am Anfang fand ich das nicht schlimm, aber dann wurde meine Angst um dich immer größer. Du hast deinen Fußball unter den Arm geklemmt und das Skateboard durfte auch nie fehlen. Ich muss oft daran denken was du uns für Geschichten erzählt hast, um dein zu spät kommen zu entschuldigen. Sie waren herrlich und sehr zum Schmunzeln.

Nun lebe ich jeden Tag mit der Erinnerung an dich!
9 Jahre durfte ich dich begleiten.
9 Jahre mit vielen Höhen und Tiefen.
9 unvergessliche Jahre

Wenn ich geahnt hätte, dass ich dich am 21.07.2010 das letzte Mal in den Arm nehmen durfte, hätte ich dich nie mehr losgelassen. Du hast dich auf das Schwimmen gehen mit deiner Schwester gefreut. Wir ahnten nicht, dass es das letzte Mal sein wird.

Diese Fragen stelle ich mir sehr oft:
Ob du später wirklich Mathematiker geworden wärst?
Wie würdest du heute aussehen?
Hättest du schon eine Freundin?
Wären der Fußball und das Skateboard immer noch das Wichtigste für dich?

So werden wir leider nie erfahren was aus dir geworden wäre.
Wir lieben und vermissen Dich. Mutti und Papi.

Ich habe sehr lange geglaubt es sei alles nur ein böser Traum.

So hab ich jeden Tag gewartet, dass du wieder nach Hause kommst. Aber ich musste schmerzlich erkennen, dass ich nicht mehr aus dem Traum aufwachte.

So versuchte ich so gut es geht für deine Geschwister da zu sein. Für sie war es genauso ein Alptraum der nicht enden mochte.

Jeden Tag fragten wir uns warum gerade du? Aber diese Frage erlosch irgendwann, denn niemand konnte uns eine Antwort darauf geben.

So müssen wir lernen einen neuen Weg zu gehen ohne dich und doch irgendwie mit dir. Es ist schwer und sehr steinig, denn so einfach ist es nicht wie man denken mag.

Ich erwische mich immer wieder wie ich vor einem Loch stehe und eine Weile überlegen muss, wie ich dort rüberkomme. Diese Löcher gehören nun zu meinem Leben dazu wie die Gewissheit, dass du nicht mehr wiederkommst.

Mein Engel

Was würde ich dafür geben dich Lächeln zu sehen.
Was würde ich dafür geben dich Mama sagen zu hören!
Was würde ich dafür geben dich in den Arm nehmen zu können!
Was würde ich dafür geben dir noch mal zu sagen wie sehr ich Dich liebe!

Du fehlst mir so sehr!

Was mir fehlt bist du!

Deine Mami

Susi R.

Nur einen Flügelschlag von Dir
(inspiriert von Simone)

Ich schenk' Dir meinen Flügelschlag,
damit Du immer weißt,
was stärkster Wind doch nicht vermag,
was Liebeshauchen heißt.

Ich bin in warmer sanfter Brise Hauch,
der Deine Wange streicht,
im Tau auf schneebedeckter Wiese Glitzern,
das den Frost erweicht.

Ich schwebe, frei von Raum und Zeit,
in Deine Liebe eingehüllt
nur einen Flügelschlag doch weit,
Dein Herz ist's, das den Lufthauch fühlt.

Ich halte nicht mehr Deine Hand,
ich bin bei Dir ohne Gestalt.
Ich zeige Dir mein Sternenland,
wo Liebe meinen Himmel malt.

Ich küsse Deine Tränen,
Dein Missen, Deinen Schmerz.
Darf mich in Liebe wähnen,
heute wiege ich Dein Herz

© Alexandra Wirth

Marcel Sch.

*06.08.1985 +03.03.2007

Im Nachhinein gesehen wurden wir schon im Vorfeld auf den plötzlichen Tod unseres einzigen Sohnes vorbereitet, aber wir haben es damals nicht erkannt!

Marcel zog mit 21 Jahren aus und machte ca. 100 km entfernt eine Ausbildung zum Kommunikationskaufmann. Doch jedes Wochenende verbrachte er gemeinsam mit seiner Freundin bei uns.

Am Freitag, dem 02.03.2007 kam er ausnahmsweise allein. Seine Freundin Rebekka wollte am Samstag nachkommen. Es sollte ein lustiger Männerabend mit seinen alten Freunden werden!

Mein Mann hatte beruflich in einer nahe gelegenen Großstadt zu tun und war spät dran. Er überlegte sich gerade, ob er sich beeilen solle um den nächsten Zug noch zu erreichen, denn beide wollten eigentlich an diesem Abend eine ihnen wichtige philosophische Frage klären. Es war ihm bewusst, dass sie sich sonst an diesem Freitag nicht mehr sehen würden. Aber er vernahm innerlich eine Stimme, die ihm sagte: „Ihr habt unendlich Zeit ...“ - und so schlenderte er langsam und trank erst noch einen Kaffee, um dann den nächsten Zug zu nehmen. Zu diesem Zeitpunkt war meinem Mann natürlich noch nicht klar, dass er später sein Buch zur Verarbeitung des eigenen Schicksals so ähnlich nennen würde. Sie sahen sich an diesem Abend nicht mehr ...

Marcel ließ sein Auto zu Hause stehen und ich brachte ihn zu seinen Freunden. Irgendwie erinnerte mich das an frühere Zeiten, als er selbst noch kein Auto hatte. Ich wünschte ihm einen schönen Abend und viel Spaß - es sollten auch unsere letzten Worte gewesen sein!

Die jungen Männer zogen durch mehrere Kneipen. In einem Lokal unterhielt er sich stundenlang mit dem Vater einer Bekannten über sehr wichtige Lebensthemen - u.a. auch über das Leben nach dem Tod! Marcel durchlief gedanklich noch einmal sein ganzes Leben, reflektierte eigene Fehler und hatte nun noch sehr viel vor ... Sie trafen viele Bekannte – darunter auch unsere 20-jährige Nachbarin Anna. Nach drei Uhr hatte sie noch die Idee, in eine 20 km entfernte Diskothek zu fahren. Sie überredete einen Bekannten, sein Auto zur Verfügung zu stellen. Marcel und sein Freund Artur stiegen auch ein. Artur hatte aber plötzlich die Eingebung, wieder auszusteigen und nicht mitzufahren. Er versuchte Marcel mit aller Macht zu überreden, auch da zu bleiben, doch der ließ sich nicht beirren - und so fuhren sie zu fünft los.

Seine zuletzt gespeicherte Telefonnummer auf dem Handy war die eines bekannten Taxifahrers ... doch um kurz vor 8 Uhr morgens fuhr der Besitzer des Autos dennoch alle wieder zurück. Er hatte erst eine Woche den Führerschein. Es hatte geregnet, in einem unachtsamen Moment geriet er auf den Seitenstreifen, lenkte gegen, verlor die Kontrolle über das Fahrzeug und das Auto prallte erst gegen einen und danach noch gegen einen zweiten Baum. Marcel saß angeschnallt hinten, unsere Nachbarin Anna saß unangeschnallt neben ihm. Beide verloren ihr Leben innerhalb weniger Sekunden! Die drei anderen Insassen waren absolut unverletzt, was bei einem derartigen Aufprall an ein Wunder grenzte!

An diesem Morgen des 03. März 2007 machten mein Mann und ich uns keine Sorgen, als wir sahen, dass Marcel noch nicht zu Hause war. Wir gingen davon aus, dass er bei seinem Freund schlafen würde. Mein Mann setzte sich an Marcels Schreibtisch und bekam das Gefühl einer unbeschreiblichen Helligkeit in diesem Zimmer. Zum zweiten Mal in seinem Leben vernahm er eine Stimme, die ihm sagte: „Ihr braucht euch nie wieder Sorgen um euer Kind zu machen." Er kam zu mir in die Küche, um mir das zu berichten. Ich lachte und schaute zufällig auf die Uhr des Backofens: Es war 8:18 Uhr. Später sollte uns von der Polizei mitgeteilt werden, dass Marcel um 8:08 Uhr ins Licht gegangen war.

Sechs Wochen später hatte ich Geburtstag. Am Abend zuvor sagte ich: „Morgen früh wird das erste Lied im Radio ein Geschenk von Marcel an mich sein!"

Sofort nach dem Aufwachen schaltete ich das Radio des Radioweckers an. Es kam ein englisches Lied, das ich nie vorher und auch in den fünf Jahren danach nie wieder im Radio hörte!

Übersetzt: „Es ist ein wunderbarer Morgen, es ist ein wunderbarer Tag, ich bin auf dem Weg nach Hause ..."

Bis zu diesem Moment hatte ich unendlich viele Ängste um meinen Sohn, dass er allein und verloren auf weiter Flur sein könnte ... doch mit diesem Lied nahm er mir diese Befürchtungen! Ich war erleichtert und mir plötzlich sicher, dass er sich in seinem neuen Zuhause wohlfühlt und da angekommen ist, wo es ihm rundum gut geht.

Ich muss hinzufügen, dass er bereits mit sechs Jahren mal äußerte: „Manchmal habe ich das Gefühl, ganz woanders herzukommen, und manchmal habe ich solche Sehnsucht dahin zurück." Damals stimmte mich das eher traurig. Nun erklärte sich mir der Zusammenhang: Mein Sohn war auf dem Weg zurück in sein Zuhause - wo er mich irgendwann einmal empfangen wird!

Am Tag seiner Trauerfeier hatten fünf Personen - unabhängig voneinander - ein beeindruckendes Erlebnis! Wir hatten neben dem Sarg ein großes

Foto von Marcel stehen. Sein Vater, die Mutter seiner Freundin und drei Freunde beschrieben mir später ihr Erlebnis! Alle beobachteten wie Marcel - je nach den Aussagen des konfessionslosen Trauerredners - manchmal ernst schaute, manchmal lächelte und einmal sogar lachte!!!! Ich selbst habe diese laufenden Veränderungen nicht wahrgenommen. Aber als ich einmal auf das Bild schaute, war ich erstaunt, dass er auf diesem Foto ja doch lacht, obwohl ich bisher ein eher ernstes Gesicht wahrgenommen hatte ...

Nachdem in den ersten drei Jahren nach 2007 oft nachts die Stereoanlage anging und zwar immer ein Radiosender (auch wenn vorher eine CD abgespielt worden war ... geht eigentlich gar nicht), geschah dies ca. ein halbes Jahr nicht mehr und erst wieder im Sommer 2011, als Marcels Freundin Rebekka mir erzählte, dass sie es mit seinem besten Freund Artur versuchen wolle (bis zu diesem Zeitpunkt waren sie schon sehr gute Freunde geworden) ... Ich ging danach (21 Uhr) zu Marcels Bild und sagte: „Wenn du das auch gut findest, könntest du ja mal wieder die Stereoanlage anstellen ...“, habe das dann aber ganz vergessen. Ich hatte Urlaub und war noch lange wach ... am PC im Fernsehzimmer (die Anlage steht im Wohnzimmer) und nachts um 2 Uhr ging sie an. Die vierte CD von oben „Please forgive me“.

Danach passierte wieder ein halbes Jahr nichts mehr! Als wir im Februar 2012 an Rebekkas Geburtstag mit ihr und Artur essen waren (was mich total - dankbar - erfreute, dass sie das Bedürfnis hatten, den Abend mit meinem Mann und mir zu verbringen), bin ich danach bald ins Bett ... und nachts um 2 Uhr ging wieder die Musik an. Dieses Mal die erste CD von oben (ich hatte vier eingelegt). Ich war sehr müde, bin nur aufgestanden, habe die Stereoanlage ausgestellt und weitergeschlafen. Erst am nächsten Tag schaute ich nach, welches Lied gespielt worden war. Und???? Wahnsinn!!!! Von Lana del Rey „Born to die“ ... meine facebook-Freundin Bianka schrieb mir daraufhin die Übersetzung: „... verloren. Aber nun bin ich gefunden. Ich kann sehen, aber einst war ich blind. Ich war so verwirrt als kleines Kind. Versuchte alles zu kriegen, was ich bekommen konnte. Hatte Angst, dass ich sie nicht finde, all die Antworten ...“ Jeder, der Marcel von früher kennt, weiß, dass dieses wirklich der Inbegriff seines Lebens im Diesseits war und ich bin völlig ergriffen, verwirrt und auch glücklich, solche eindeutigen Zeichen erhalten zu dürfen! Es gibt mir wieder die Gewissheit, dass mein Sohn in seinem neuen Zuhause wirklich glücklich ist!!!!

Und als Mutter ist für mich genau DAS am wichtigsten!

Auch mein Mann Dierk erhielt viele Zeichen. Sehr beeindruckend war es z.B., als wir gemeinsam mit seinem Bruder und unserer Schwägerin im Sommer nachts auf der Terrasse saßen und über unsere Kinder sprachen (auch unser Neffe war 15 Monate vor Marcel viel zu früh mit 34 Jahren verstorben). Unser Auto stand im Carport, plötzlich ging ca. zehn Mal hintereinander das Licht an und aus (das passiert normalerweise einmal, wenn man auf die Fernbedienung drückt - doch diese lag unberührt in meiner Handtasche in der Wohnung). Mein Mann und unsere Schwägerin gingen zum Auto, um zu schauen, ob sich da jemand dran zu schaffen machte. Nichts! Als sie wieder zum Haus gingen, schaltete sich erneut mehrmals das Licht an. Es gab keine Erklärung für dieses Phänomen, es passierte auch niemals wieder! Inzwischen bin ich mir sicher, dass Marcel und sein Cousin unser Gespräch bestätigen wollten!

Man unterscheidet zwischen Verarbeitungs- und realen Träumen. Leider konnte ich diese selbst noch nicht erfahren, aber ich bin dankbar für Schilderungen anderer, die dieses Phänomen erleben dürfen.

Mein Mann hatte kurze Zeit nach dem Unfall einen solchen Traum. Marcel saß mit uns am Esszimmertisch, wir unterhielten uns über Belanglosigkeiten. Plötzlich fragte mein Mann Marcel: „Du weißt aber, dass du tot bist!?“ Darauf antwortete Marcel: „Ja, sicher, aber was macht das schon?“

Auch Rebekka hatte nach vier Monaten einen realen Traum. Marcel holte sie gemeinsam mit einem ihr unbekannten jungen Mann von der Schule ab. Nach ihren Schilderungen glich dieser sehr Marcels Cousin Markus, der wie gesagt 15 Monate vor Marcel ins Licht gegangen war. Rebekka und Marcel gingen Hand in Hand in seine Wohnung, unterhielten und umarmten sich. Als sie ihn fragte, ob das jetzt nun alles echt sei und alles wieder gut werden würde, antwortete Marcel: „Nein, das tut mir leid!“ Nach und nach wurde seine Hand immer kälter - bis sie sich zuletzt so anfühlte wie an dem Tag als wir zu dritt Abschied von Marcel im offenen Sarg nehmen durften/mussten. Sie fragte ihn noch einmal, ob er wiederkommen würde, und Marcel antwortete: „Ja, aber hierhin werde ich nicht zurückkehren."

Solche Träume sind mit den normalen Verarbeitungsträumen nicht zu vergleichen, sie bleiben wohl für immer im Gedächtnis! Ist es eine wirkliche Begegnung, die wir uns nicht erklären können?

Nun schmerzt mich der Verlust meines Sohnes seit fünf Jahren. Es gibt sehr trübe Tage, aber trotzdem muss ich sagen, dass ich seit seiner Reise ins Licht wesentlich bewusster und erfüllter lebe als zuvor. Ich habe jeden Pessimismus und alle Zukunftsängste verloren, eben ein Gewinn, wenn einem das in seiner Vorstellung Schrecklichste bereits passiert ist. Ich bin mir sicher, dass unsere Seelen sich ihr Schicksal und die Begegnung anderer Seelen im Vorfeld aussuchten, um gemeinsam wachsen, reifen und sich weiterentwickeln zu können. Ich setze mich sehr bewusst mit dem Verlust meines Kindes auseinander. Ich schrieb Marcel kurz danach einen Brief, worin ich schon damals nur die Hoffnung hatte, er möge stolz auf seine Mama sein, wie sie ihrem Lebensschicksal zu begegnen vermag! Diese Hoffnung habe ich auch heute noch und spüre ganz oft die Stärke, Kraft und Unterstützung meines Sohnes. Ich spüre mich in meinem weiteren Leben von Marcel begleitet und ermutigt den eigenen Weg zu gehen und auch anderen hierbei zu helfen!

Als Therapeutin und Dozentin u.a. für psychosoziale Belastungssituationen wie z.B. professionelle Sterbebegleitung, setze ich mich nun schon seit über zwanzig Jahren mit diesem Thema auseinander. Früher vertrat ich immer die Meinung, dass wir aus absolut jedem Schicksalsschlag gereift hervorgehen können, wenn wir ihn bewusst verarbeiten und bewältigen können. Bis vor fünf Jahren schränkte ich diese positive Erfahrungsvielfalt jedoch immer mit dem Hinweis ein, dass es wahrscheinlich nicht gehe, wenn das eigene Kind - egal welchen Alters - vor den Eltern versterben müsse. Heute, nachdem ich es selbst erfahren musste, kann ich nur sagen: selbst durch DIESES so grausame und anfangs scheinbar lebensvernichtende Ereignis besteht die Möglichkeit neue, auch positive Erfahrungen zu machen. Auch wir verwaisten Eltern haben die Chance, den eigenen Horizont zu erweitern, die Sensibilität zu erhöhen und sind gezwungen, früher undenkbare Fähigkeiten zu entwickeln. Durch das unabwendbare Schicksal begegnete ich unschätzbar wichtigen Menschen.

Meine Prioritäten haben sich absolut verändert und es konnten sich völlig neue Lebensperspektiven entwickeln. Niemals hätte ich mir früher ein solches Empfinden auch nur im Entferntesten vorstellen können!

Manchmal ist es wirklich erstaunlich, wie sich der Kreis wieder schließen kann!

Als Leiterin früherer Sterbebegleitungsseminare ließ ich manchmal bei meditativer Musik eigene Todesanzeigen schreiben! Auch ich machte mit! Hier stelle ich mal drei meiner Anzeigen rein, die ich fünf bis acht Jahre VOR Marcels Reise ins Licht schrieb! Es ist schon sehr verwunderlich (oder auch nicht?) wie sehr sie unser jetziges gemeinsames Buch bestätigen!

Ich spürte und schrieb viele Jahre vor dem damals Unvorstellbaren:

Im Januar 1999:
Es war schön zu leben,
nun muss ich gehen!
Es soll aber noch eine Menge
für euch geschehen -
bis wir uns irgendwann
einmal wiedersehen!

Im Oktober 2001:
Viele Wünsche wurden mir erfüllt,
doch fertig ist es nie - mein Bild.
Macht mir den Abschied durch euer Leid nicht so schwer,
wir sind uns immer nah - sei es im Wald oder am Meer.
Gebt eurem Leben die Chance zum Reifen,
so kann der Tod auch euch irgendwann einmal sanft umgreifen!

Im Oktober 2002:
TOD - oft fühlte ich mich dir gedanklich so nah,
nun hast du mich aufgenommen
und ich scheine für die Anderen nicht mehr da.
Behutsam wiegst du mich im Wind
und ich fühle mich wie ein beschütztes Kind.
Ihr anderen weinet nicht um mich,
sondern erlebt euer eigenes Wachstum und
genießt das Ruhen in sich!
Irgendwann seid auch ihr soweit und
macht euch für den endlosen Weg bereit!!

Meine Worte von damals kann ich eigentlich erst heute richtig verstehen! Ich bin bereit so positiv wie nur möglich zu leben, die Realität weiterhin zu erweitern sowie zu verstehen - und freue mich schon jetzt auf ein Wiedersehen!!!!

Ully Sch.

Mario P.

*08.05.1991 +18.04.2004

Mario war ein gesunder, glücklicher und fröhlicher Junge, der uns sehr viel geben konnte. Er lernte vieles in Windeseile, ob in der Schule, im Sport oder in der Musik, so dass wir Erwachsenen oft sehr staunten. Er hatte viele Freunde um sich und musste eigentlich kaum etwas dafür tun. Gleich wo er war, immer hatte er seine Anhänger. Nicht nur ich wunderte mich über Marios reife Seele, sondern auch unsere Familie und manche Freunde.

Aus heiterem Himmel wurde er schwer krank. Im Januar 2003, Mario war 11 Jahre alt, bekamen wir die schreckliche Diagnose, dass Mario einen Weichteiltumor, ein Rhabdomyosarkom, hat. Der Tumor hatte den Ursprung am Zungenboden und wuchs entlang der linken Gesichtshälfte am Gesichtsnerv in Richtung Gehirn. Nach Hochdosis Chemo, Bestrahlungen, die in der Stärke noch nie ein Kind bekommen hatte, danach doch noch Operation, obwohl bis zu diesem Zeitpunkt inoperabel, immer wieder hoffen und bangen, sagte man uns am 3. März 2004 bei der Nachuntersuchung, dass sie nichts mehr tun können, austherapiert. Mario ging es da recht ordentlich, er war schon einige Zeit zu Hause und ging wieder seinem normalen Leben nach, so gut es eben ging. Sechs Wochen später, am Sonntag den 18. April 2004 um 17:50 Uhr, drei Wochen vor seinem 13. Geburtstag, schloss er zu Hause bei uns für immer seine Augen in dieser Welt.

Der Hirsch

Nach Marios Tod buchte meine Familie ein paar Mal eine Hütte in den Bergen. Für mich war das immer sehr schwer. Es kostete mich Kraft, daran teilzunehmen. Am letzten Tag stand ich morgens sehr lange ganz allein auf einer Anhöhe.

Ich schaute über die Wälder und Berge und hörte das Röhren der Hirsche, da gerade Brunftzeit war. Plötzlich war mir Mario ganz nah. Ich fühlte, wie eine Hand die meine hielt, Marios Hand.

Ich spürte, dass er neben mir stand, meine Hand drückte. Ich sah sein glückliches Lächeln vor mir, das ich so sehr liebte. Mein Körper reagierte mit einem Wärmegefühl und mit Gänsehaut.

Ich wusste, wie sehr Mario das hier alles gefallen hätte. Ich bewegte mich nicht, weil ich den Augenblick festhalten wollte. Dann begann ich in Gedanken mit Mario zu reden, spürte immer noch seine Hand in der meinen. Ich schmunzelte und sagte in Gedanken zu Mario: „Schick uns einen Hirsch, den wir ganz nah vor uns sehen können. Du schaffst das bestimmt." Ich war mir mit einer absoluten Gewissheit sicher, dass Mario uns jetzt einen Hirsch schicken würde. Eine halbe Stunde stand ich noch und wartete. Jetzt spürte ich Marios Hand nicht mehr.

Er war gegangen. Fast war ich enttäuscht, als ich wieder zurück zur Hütte ging. Kurz fragte ich mich, ob ich den Wunsch vielleicht nicht intensiv genug geäußert hätte.
Am Mittag gingen wir alle zusammen noch ein Stück spazieren. Das Wetter war herrlich, die meisten setzten sich auf Bänke an einem kleinen Forellensee. Mich zog es weiter. Fünf Familienmitglieder kamen mit. Wir blieben stehen, und ich sagte zu meinem Bruder: „Lass uns da rechts hineingehen, ein kleines Stück in den Wald." Ich musste von innen heraus diesen Weg gehen.

Dort angekommen hörten wir plötzlich direkt vor uns einen Hirsch röhren. Und dann sahen wir ihn. Nur wenige Meter entfernt zog er am helllichten Tag stolz an uns vorüber.
Den wunderschönen Hirsch mit seinem riesigen Geweih betrachtend, stieg in mir wieder diese Wärme auf und mein Körper überzog sich mit Gänsehaut.

Marios Stimme klang in meinem Ohr: „Mama, hab halt ein wenig Geduld. Es geht nicht so schnell."

Geduld war nämlich noch nie meine Stärke. Ich musste lächeln, und meine Dankbarkeit war riesig.

Die Amsel

Meine Mutter leidet auch so sehr unter dem Verlust von Mario, ihrem Enkelsohn. An seinem ersten Geburtstag hier auf Erden ohne ihn, lag bei

ihr morgens im Garten stundenlang eine „tote“ Amsel auf dem Rücken, Krallen nach oben. Irgendwann im Laufe des Morgens wollte sie die tote Amsel vom Garten an den Bach gegenüber vom Haus bringen. Sie holte dafür eine Schaufel, die sie unter die Amsel schob. Plötzlich jedoch regte sich die Amsel, richtete sich auf und flog davon!
Meine Mutter war unendlich gerührt und dankbar. Sie hatte keinen Zweifel, dass Mario ihr sagen wollte: „Schau doch Omi, ich lebe, auch wenn ich tot bin.“

Es war ein wunderbares Geschenk, das Mario meiner Mutter zu seinem Geburtstag machte, um sie zu trösten. Ich danke ihm von Herzen dafür.

Das Tattoo

Es war mein Geburtstag. Ich war nicht fähig ihn zu feiern, obwohl ich wusste, Mario würde es so wollen. Doch zu feiern, dass ich lebe, wo mein Kind doch tot war, das ging über meine Kraft. Um nicht zu Hause sein zu müssen, entschloss ich mich daher, an einem einwöchigen Kurs „Yoga und Meditation“ in einem nahe gelegenen Kloster teilzunehmen. Hier bekam ich zwei wunderschöne Geburtstagsgeschenke von Mario, die mich glücklich machten in der Traurigkeit um ihn, und die mich wieder einmal staunen ließen.

Wir waren eine kleine Gruppe, die denselben Gedanken hatte wie ich. Täglich übten wir uns in Meditation. Die meisten waren genauso unerfahren in Bezug auf diese Entspannungstechnik wie ich. Ich musste mich ziemlich zwingen, zur Ruhe zu kommen. Am zweiten Tag gegen Abend jedoch hatte ich während einer halbstündigen sitzenden Meditationsübung ein wunderschönes, sehr emotionales Erlebnis: Plötzlich sah ich ein helles Licht. Alles andere um mich herum nahm ich nur noch durch einen Schleier hindurch wahr. Das Licht wurde heller und intensiver. Dann war in diesem Licht Mario. Wir gingen aufeinander zu und umarmten uns. Es war unendlich schön. Ganz langsam löste sich das helle Licht wieder auf, und es war, als sei Mario in die andere Richtung zurückgegangen. Ich öffnete meine Augen wieder, denn Tränen drängten sich leise heraus. Die Leiterin bemerkte es und brachte mir Notfalltropfen. Ich nahm sie an, doch ich schaffte es nicht, ihr zu erzählen, dass ich nichts Schlimmes erlebt hatte, sondern etwas sehr sehr Schönes, das mein Herz erwärmte.

Am Abend im Bett vor dem Einschlafen war mir Mario noch immer so nah wie bei dem Erlebnis am Nachmittag. Ich redete in Gedanken mit ihm, einfach so, ein bisschen spaßig. Mir fiel ein, dass ich an Silvester beschlossen hatte, mir ein kleines Tattoo ihm zu Ehren machen zu lassen. Nun ja, eigentlich bin ich ein Tattoogegner, deshalb war das schon eine besonders mutige Entscheidung. Doch für Mario fallen mir immer wieder Dinge ein, die Mut erfordern. Ich hatte mir als Platz dafür die Innenseite meines Unterarms ausgesucht. Ich fragte Mario dann auch, wie er denn das fände mit dem Tattoo. Ich bat ihn, mir bitte ein Zeichen zu geben, damit ich weiß, ob er es gut findet. Ich hatte jedoch keine Ahnung, wie er das hinkriegen sollte und ob er das überhaupt kann. Ich dachte noch, entschuldige bitte, Mario, was deine Mama wieder so möchte, wie sollst du das auch schaffen?!

So schlief ich ein. Am nächsten Morgen dachte ich nicht mehr an das Zeichen, um das ich Mario gebeten hatte. Da ich früh aufwachte, nahm ich mein Buch in die Hand und las noch. Es war ein Roman. Die Handlung passte mir, denn ein junger Mann verlor seine Frau bei einem Flugzeugunglück. Er schreibt von sich, wie er durch den Wind ist, wie die Trauer ihn beherrscht – jedoch erzählt er mit sehr viel Humor, oft mit schwarzem Humor von sich und davon, was die Trauer mit ihm machte. Die Frau hinterließ einen Sohn. Im Buch wird auch von dem Sohn erzählt, der ganz aus der Spur ist durch den Verlust der Mutter.

Ich las nach einigen Seiten plötzlich: „Russ (sein Stiefsohn) fährt mich zu einem Tattoostudio, wo ich eine kleine Version des Haileyschen (Hailey – Name seiner Frau) Kometen in Auftrag gebe.

Haileys Komet. Ich will ihn auf der Innenseite meines rechten Handgelenks haben. Auf diese Weise wird er mich immer, wenn ich die Hand umdrehe, daran erinnern, dass sie ein Teil von mir ist. Ich weiß, das klingt schrecklich kitschig, aber die Vorstellung, von ihr gezeichnet zu sein, gibt mir ein gutes Gefühl.“

(aus dem Buch „Mein fast perfektes Leben“ von Jonathan Tropper, München: Verlag Droemer Knaur, 2007, Seite 395)
Ich lag im Bett und dachte, ich les nicht recht! Sofort fiel mir die Bitte an Mario um ein Zeichen vom Abend vorher ein. Mir wurde ganz heiß im Körper und ich fühlte etwas in mir aufsteigen, das ich mit Freude und tiefer Dankbarkeit erklären würde.

Hei, wenn das kein Zeichen ist! Danke Mario.

Johannes 8, Vers 12, der Bibelvers zieht sich durch Marios Leben

Am 09. Februar 2003 bezogen wir im Krankenhaus das Zimmer zum ersten Block der Chemotherapie. Als ich Marios Sachen in den Schrank räumte, hielt ich plötzlich einen kleinen Zettel in der Hand, den Mario wohl ohne mein Wissen in die Tasche gelegt hatte. Es war ein Bibelspruch, den Mario zu Weihnachten bei der Jugendgruppe des CVJM ziehen durfte.
Der Spruch war aus dem Johannesevangelium Kapitel 8, Vers 12:
Ich bin das Licht der Welt. Wer mir nachfolgt, der wird nicht wandeln in der Finsternis, sondern wird das Licht des Lebens haben.

Mario wusste wohl, jetzt kann ihm nur noch der Himmel helfen, nahm den Spruch an sich und bewahrte ihn bei sich auf.

Als ich im April 2004, in der Zeit nach der Beerdigung, Marios Babyalbum anschaute, erschrak ich: Sein Taufspruch war derselbe Vers! Johannes 8, Vers 12, Ich bin das Licht der Welt ... Ich hatte es in der Zwischenzeit vergessen.
Kurze Zeit danach kam Marios Bruder und zeigte mir den Zettel mit seinem Bibelspruch, den er auch in der Gruppe des CVJM ziehen durfte. Er hatte es schon länger gewusst, doch noch nicht darüber reden können. Ich las auf seinem Zettel: Ich bin das Licht der Welt. Wer mir nachfolgt, der wird nicht wandeln in der Finsternis, sondern wird das Licht des Lebens haben. Johannes 8, Vers 12.
Sein Bruder und Mario hatten unabhängig voneinander, blind, denselben Spruch gezogen, der gleichzeitig auch noch Marios Taufspruch war.

Einige Zeit später, Anfang November, besuchten mich Marios Freunde. Im Laufe des Gesprächs erzählte mir eine Freundin von Mario, ihre Eltern hätten zu Hause ein Losungsbuch. Sie hätte es vor kurzem in die Hand genommen, um darin zu blättern. Sie schlug dann Marios Todestag auf, den 18. April 2004, und las was da stand: Ich bin das Licht der Welt. Wer mir nachfolgt, der wird nicht wandeln in der Finsternis, sondern wird das Licht des Lebens haben. Johannes 8, Vers 12. Ich traute meinen Ohren nicht. Ich kaufte mir ein Losungsbuch und las es nach. Ja, es stimmte, Johannes 8, Vers 12. Selbst der Pfarrer hatte nichts davon bemerkt. Im Trauergottesdienst hatten wir diesen Vers, Marios Taufspruch, mit einbezogen.

Ende November kam von der Kirche eine Einladung zum Gottesdienst am Totensonntag. Ich öffnete das Kuvert und las, was vorne auf der Karte stand: Ich bin das Licht der Welt. Wer mir nachfolgt, der wird nicht wandeln in der Finsternis, sondern wird das Licht des Lebens haben. Johannes 8, Vers 12.

Spätestens da war ich mir ganz sicher: Mario geht es gut, da, wo er ist. Er ist nicht tot, er ist nur nach „nebenan“ gegangen.

Heute, einige Jahre nach Marios Tod, bin ich nicht mehr der Mensch, der ich einst war. Ich bin verändert, bedrückter, fühle mich immer noch irgendwie „entwurzelt“ und nicht mehr richtig zu Hause hier in dieser Welt.

Oft ertappe ich mich dabei, dass ich die Welt hier „von außen“ beobachte. So, als wäre das hier alles ein Spiel auf einer Bühne und jeder hätte eben seine Rolle. Ich brauche mehr Stille, mehr Zeit zum Nachdenken. Das Lachen und der Humor sind trotz allem zurückgekehrt. Ich habe gelernt, auf dieser „Bühne“ des Lebens immer wieder mitspielen zu können. Doch nur so, wie es für mich geht. Besondere Dinge, Augenblicke, Momente und Begegnungen nehme ich bewusster wahr als früher und empfinde sie als etwas ganz Außergewöhnliches.

Ich bin dankbarer für vieles. Von belastenden Situationen kann ich eher Abstand nehmen als früher, und viele Probleme sind für mich keine Probleme mehr. Vieles empfinde ich einfach nicht mehr als wichtig. Ich habe unendlich viel gelernt. Ich fühle mich weiser und in manchen Situationen stärker als früher. Ich genieße es, etwas zu geben und nichts zu erwarten, nur weil ich es möchte, um jemand anderem eine Freude zu machen. Vor allem bin ich stolz und glücklich, Marios Mama sein zu dürfen. Das war und bin ich weiterhin, so wie auch sein Bruder für immer sein Bruder und Marios Vater immer sein Papa bleiben wird.

Mario ist ein großer Teil von uns, ein Teil der ganzen Familie, ein Teil von allen, bei denen er Spuren hinterließ. Wir tragen Mario in unseren Herzen.

Ich wünsche mir so sehr, dass die Menschen, die Mario kannten und lieben, erkennen, was er uns durch seinen Tod lehren will. Ich wünsche mir, dass sie diese Erkenntnis mit in ihr Leben nehmen und für sich nutzen wie ein Geschenk von ihm. Er ist die Liebe und unser Lehrer.

Ich habe einen wichtigen Teil meines Lebens verloren. Ein Teil meines Lebens ist Vergangenheit. Mein Leben und meine Welt geraten dadurch immer wieder kräftig ins Wanken. So wie es war, ist es nicht mehr. So wie es war, wird nichts mehr sein.

Ich lebe von heute auf morgen. Länger hinaus kann (oder möchte?) ich nicht mehr denken.

Wer von uns weiß denn, was morgen ist. Doch eins ist mir nun klar: Mit jedem Schritt, den ich in diesem Leben mache, trage ich Mario mit mir. Ich brauche keine Angst zu haben, ihn ganz aus meinem Leben zu verlieren. Ich fühle ihn bei mir und in mir, mal näher, mal weiter entfernt. Ich muss ihn nur darum bitten, wenn ich seine Hilfe brauche.

Er zeigt mir immer wieder: Mama, ich bin bei dir. Ich hätte nie gedacht, dass ich den Tod eines meiner Kinder überleben würde. Doch ich lebe weiter, und irgendwie trage ich die schwere Last seines Verlustes.

Die Warum-Frage bleibt bestehen. Antworten erhalte ich jedoch nicht. Antworten stehen am Ende, nicht am Anfang unseres Weges.
Vielleicht kann mir Mario eines Tages sagen, warum er ging. Die Zeit, nein, sie heilt keine Wunden. Die Zeit hilft, mit dem Unfassbaren, mit dem Schmerzlichen irgendwie leben oder überleben zu können.

Eine Hoffnung ist und bleibt fest in mir: Eines Tages sehe ich Mario wieder. Ich glaube daran, dass wir die Menschen, die vor uns gingen und die wir innigst lieben, eines Tages wieder sehen, wenn wir selbst in die Welt nach nebenan gehen. Für uns mag das vielleicht eine lange Zeit sein. Doch am Ende zählt die Zeit und alles andere nicht mehr. Daran glaube ich ganz fest.

Was übrig bleibt und zählt, ist nur die Liebe.

Dieses Bild hat Mario als kleiner Junge gemalt. Als ich es nach seinem Tod in den Händen hielt wurde mir bewusst, dass trotz seiner Gesundheit etwas in ihm wusste: Ich bleibe nicht allzu lange auf dieser Erde.
„Ich werde nicht alt.“ Diese Worte sagte er zu mir als vierjähriger Bub beim Späße machen. Einfach so, als „sehe“ er in diesem Moment etwas.
Eineinviertel Jahre Kampf und Hoffnung. Seine Kindheit endete abrupt. Er musste in seinen jungen Jahren Trostlosigkeit und Verzweiflung erle-

ben. Er musste Schmerz kennen lernen, Angst und Trauer über den Verlust seines normalen Lebens verarbeiten und durch Empfindungen wie Wut und die furchtbare Angst vor dem Sterben hindurch gehen. Doch Mario durfte auch erfahren, was Zuversicht und Hoffnung ist, Freude am Leben und übergroße Liebe. Das tröstet mich, weil viele Menschen das im Leben nicht erfahren dürfen.
Ich hoffe so sehr, dass es im Himmel wirklich so schön ist, wie er den Engel auf dem Bild sprechen lässt.

Daniela P.

Martin W.

*21.09.1990 +07.07.2008

Bericht über den Todestag von Martin

Heute möchte ich euch von dem schlimmsten Tag in meinem Leben erzählen, von Montag, dem 7.7.2008. Martin wollte mit seinen zwei Freunden, Ruben und Johannes, nach Dortmund fahren, um dort einen Geburtstag zu feiern. Kurz vor 18:30 Uhr sind die zwei Brüder auch schon bei uns angekommen und Martin hat sich dann fertig gemacht. Ich wollte die Jungs mit dem Cabrio fahren, es war ein sonniger Tag, weil ich schon seit Sonntag ein komisches Gefühl hatte. Aber Martin wollte nicht und sagte zu mir: „Ach Mama, ich bin doch schon groß, bitte. Johannes wird schon ganz vernünftig fahren." „OK", sagte ich, „aber ruft an, wenn ihr da seid, bitte." Ich hab meinem Jungen noch 25 € gegeben, weil sie noch Blumen und Zigaretten an der Tankstelle holen wollten. Alle drei waren gutgelaunt, und beim Gehen auf dem obersten Treppenabsatz drehten sich die Jungs noch um, und Jojo meinte noch: „Keine Angst". Und ich:

„Macht keinen Blödsinn und viel Spaß." Martin drehte sich um, schaute mich lachend an und sagte: „Mach dir keine Sorgen, wir sehen uns morgen und ich hab dich lieb." Er drehte sich um und sie gingen. Ich hab mich noch ans Fenster gestellt und ihnen gewunken. Die Jungs waren gerade zehn Minuten weg, da hab ich meinen Mann Andy angerufen und ihn gefragt, wann er denn endlich nach Hause komme. Es waren vielleicht gerade einmal zwei bis drei Minuten vorbei, da brach ich zusammen und hatte das Gefühl, als ob ich einen Schlaganfall oder Herzinfarkt bekomme. Ich bekam keine Luft mehr und mein Herz raste, mein Kopf drehte sich, mir war furchtbar schlecht. Ich versuchte mich aufs Sofa zu setzen und meinen Mann anzurufen, der Gott sei Dank auch ans Telefon ging. Ich sagte ihm, dass es mir furchtbar schlecht gehe und er bitte schnell nach Hause kommen solle. Er versprach mir, sofort zu kommen und fragte noch einmal nach: „Sind die Jungs weg?" Ich antworte ihm: „Ja, das habe ich doch gerade schon gesagt." Er antwortete nur: „Maria, hier fährt viel Feuerwehr runter. Aber ich komme jetzt." Wie er mir später erzählte, konnte er nicht nach links abbiegen, was er eigentlich hätte machen müssen, um nach Hause zu kommen. Das Auto wollte nur nach rechts fahren. Er ist dann auch nach rechts abgebogen und zum Unfallort gefahren, was er aber zu diesem Zeitpunkt noch nicht wusste. Als er dort angekommen ist, hat er das Auto von Johannes erkannt. Obwohl es mit Decken abgedeckt war, konnte man die Motorhaube noch sehen. Auf der Motorhaube war ein Road-Runner lackiert. Er ist ausgestiegen und zu einem befreundeten Feuerwehrmann gegangen, den er dann gefragt hat, wie viele Leute in dem Auto sitzen. Christian, dieser Feuerwehrmann, hat ihm geantwortet: „Zwei blonde Jungs sitzen drin." Kurz darauf rief Andy noch einmal an und fragte: „Maria, sind die Jungs weg?" „Ja", sagte ich, „wie oft fragst du denn noch?" „Wer saß im Auto?" fragte er. Und ich sagte: „Jojo ist gefahren, Ruben daneben und Martin dahinter." Da legte Andy auf. Er ging noch einmal zu diesem Christian hin und sagte ihm: „Bitte schau genauer hin, es muss Martin hinten sitzen." Christian wurde ganz blass, hat noch einmal in das Auto geschaut und kam mit Tränen in den Augen zurück. Er hat Andy nur nickend geantwortet, da er unseren Jungen seit der Geburt gekannt hat. Andy hat mich noch einmal angerufen und mir nur gesagt: „Komm bitte, es ist etwas passiert."

Ich habe gewusst, dass etwas ganz Schlimmes passiert war. Martin war gestorben, als mir plötzlich so schlecht wurde. Ich lief wie eine Verrückte, schreiend und betend, die Treppe runter in mein Auto. Obwohl ich gar nicht wusste, wohin ich fahren musste, fuhr ich Richtung Valbert - und kurz hinter der Arbeitsstelle von meinem Mann sah ich schon alle stehen. Ich hielt hinter all den Autos und LKWs an und lief zur Unfallstelle, wo mein Mann stand und mich gemeinsam mit den Feuerwehrmännern abfing, sodass ich nicht ans Unfallauto kam. Ein 78-jähriger Mann war mit seinem Auto in die Autoseite der Jungs gefahren. Das Auto der drei Burschen, ein alter Wagen, wurde in zwei Teile gerissen. Jojo, Ruben und Martin sind auf der Stelle gestorben. Der Mann hatte nur eine leichte Prellung und seine Frau auch. Ich hab dann einen Feuerwehrmann gefragt, ob er genau wisse, dass Martin hinten sitzt, er hätte einen weißen Pulli an mit einer Strickjacke. Der Mann hat nur genickt. Ich hab mich losgerissen und versucht, zu meinem Kind zu kommen, aber die Polizisten waren schneller und haben mich aufgehalten und mich in ein Feuerwehrauto gesetzt, zusammen mit Andy und einem Priester. Ich weiß nicht warum, aber ich sagte nur, dass Andy meine Eltern anrufen soll, und er tat das auch. Er sagte nicht viel, nur: „Mama, Martin ist tot!“ Innerhalb von zehn Minuten sah ich aus den Augenwinkeln zwei Feuerwehrmänner in den Graben fallen und dann meinen Papa. Sie haben dann meinen Papa auf den Boden geworfen. Es waren vier Mann und eine Ärztin hat ihm etwas gespritzt, damit er ruhiger wird. Er rief immer wieder nach Martin und gleichzeitig nach Jojo, dass er ihm den Kopf abreißen will, bis ich ihm dann sagte, dass alle drei Jungs gestorben sind. Da ist mein Vater vollkommen zusammen gebrochen. Er wurde ins Krankenhaus gebracht, und ich musste mit. Ich bin zu Andy gegangen und habe ihm gesagt, dass er mir versprechen muss, dass er bei unserem Jungen bleibt, bis er weggebracht wird, sonst würde ich da bleiben. Er versprach es mir.

Als sie Martin aus dem Auto zogen, hatte er noch den 20 €-Schein in der Hand, den ich ihm gegeben hatte für die Blumen.
Die Jungs wurden drei Stunden später ins Krankenhaus nach Lüdenscheid gebracht. Andy kam nach Attendorn, wo wir waren. Wir mussten bis zum nächsten Tag dortbleiben und fuhren am nächsten Morgen nach Hause. Kurz nach 9 Uhr morgens stand erst SAT.1 und dann die Bildzeitung vor der Tür. Andy drohte ihnen, sie sollen gehen, uns in Ruhe lassen - und nach einem Anruf bei der Polizei gingen sie endlich. Nach zwei langen Tagen bekamen wir endlich die Zusage, dass wir unsere Jungs sehen dürfen. Der Bestatter kam zu uns und wollte Anziehsachen für Martin haben.

Ich lief hoch, holte ihm eine weite Hose, da er doch so viele Knochenbrüche hatte und es ihm nicht wehtun sollte beim Anziehen, sein Lieblings-T-Shirt und seine passende Schlumpfjacke. Am Morgen danach, einem Donnerstag, durften wir Martin endlich sehen und ich wollte ihn wieder mit nach Hause nehmen, aber das durfte ich nicht. Für mich ist seitdem nichts mehr so, wie es war, und so wird es auch nie wieder werden.

Am Freitag war dann die „Trauerfeier" für Martin. Bei dieser haben über 400 Bekannte, Verwandte, Freunde und Nachbarn Martin die letzte Ehre erwiesen. Die „Trauerfeier" war sehr aufwühlend. Ich weiß nicht mehr sehr viel. Andy ist aufgestanden und hat die ganzen Menschen gebeten, doch nicht so viel Blödsinn über den Unfall zu erzählen. Unsere Jungs wären alle an einem Stück und nicht in 1000 Teilen. „Bitte hört auf damit, es ist schwer genug für uns", hat er ihnen gesagt. Der Priester hat mit der Messe angefangen und über Martin erzählt - und dann hat er das Lied von Nelly Furtado, „Say it Right", welches Martin als Rufton auf dem Handy hatte, gespielt. Er hat noch einiges über Martin gesagt und ihn dann gesegnet. Danach wurde noch ein Lied von Nelly, „All Good Things", gespielt. Martin hat das immer gehört, wenn er Kummer hatte, und ich, ich hab mitgesungen und nur geweint und ihn gebeten, bitte lass mich nicht allein, bitte. An diesem Tag hat es wie aus Eimern geschüttet, als wir in der Kirche waren. Diese kleine Kirche ist sehr klein und es passen knapp 180 Menschen dort rein, deswegen waren viele draußen und sind richtig nass geworden, aber alle sind geblieben - und als die Trauerandacht vorbei war sind alle Freunde von unserem Engel zu uns gekommen und haben uns alle umarmt und bitterlich geweint.

Viele haben uns Briefe geschrieben, um uns zu sagen, dass unser Engel sehr beliebt war und wir das bestimmt wüssten. Es wären ja so viele Menschen dabei gewesen. So etwas hätten sie für einen Jungen noch nie gesehen. Aber ich wollte das nicht hören und auch nicht lesen: ICH, ich wollte nur MARTIN zurück! Und heute bin ich Martins Freunden dankbar, denn sie sprechen auch noch nach vier Jahren über ihn und besuchen meinen Engel in seinem neuen Garten - und dafür danke ich all diesen Jungs und Mädels.

In Liebe

Nun möchte ich euch von einem Zeichen von meinem geliebten Martin erzählen. Wir sind voriges Jahr zweimal nach Ägypten geflogen, weil unser Martin dieses Land geliebt hat. Wir haben dort einen jungen Mann kennengelernt, der als Zeichner arbeitet. Seine Portraits haben uns sehr gefallen und so haben wir uns auch zeichnen lassen - mit unserem Jungen in der Mitte. Es ist wunderschön geworden. Wir sind wieder abgeflogen, aber immer in Kontakt mit diesem Jungen geblieben. Im Dezember sind wir wieder dorthin und haben dann mit Milad, so heißt der Bursche, Geburtstag „gefeiert".
Wir waren mit ihm in Hurghada, wo wir vor Jahren auch mit Martin gewesen sind, und auch in dem gleichen Café. An diesem Abend haben wir auch viel von Martin gesprochen, es liefen natürlich auch Tränen. Ich hab ihn so unendlich vermisst, dass ich wieder nach Hause wollte. In Gedanken habe ich mit Martin gesprochen und ihn gefragt, ob das alles so richtig ist, was wir eigentlich tun und machen. Keine Ahnung warum ich diese Gedanken hatte, aber ich sehnte mich so sehr nach ihm und bat ihn, mir irgendwie ein Zeichen zu schicken, dass er bei mir ist - und beim Denken schaue ich nach oben und ich sehe DAS ZEICHEN. Wir haben es fotografiert. Schaut selbst. Natürlich kamen dann noch mehr Tränen, aber auch ein Lächeln. Martin war bei mir und meinem Mann Andy.

Heute möchte ich euch von einem wunderbaren Zeichen kurz nach Martins Tod erzählen! Ich bin Italienerin und daher wollten wir auch eine Messe in Italien lesen lassen für meinen Engel, denn er hatte auch dort sehr viele Freunde und auch viele Verwandte. Also sind meine Eltern eine Woche vor uns dorthin gefahren und haben alles mit meiner Tante organisiert. Mit Blumen und Bildern und drei Sängern, was eigentlich nicht üblich ist, aber der Pfarrer mochte Martin sehr und meinte: "Für einen besonderen Jungen eine besondere Messe." Am 2. August 2008 haben wir dann diese Messe lesen lassen. Es war furchtbar heiß und wir haben die Messe erst um 18 Uhr abends machen lassen. Wir sind nach Cassano Caudino in die Kirche gegangen. Sie war sehr, sehr voll. Nach ca. 15 Minuten sollte es losgehen und der Pfarrer trat vor den Altar, auf dem das Bild meines Engels stand und als er gerade fragte, ob nun alle da sind, verdunkelte es sich draußen und ein Unwetter kam auf. Es fing an zu regnen wie aus Eimern. In diesem Moment ging oben in der Kirche ein Fenster auf. Der Wind wehte durch die Kirche und blies eine Kerze in der Mitte aus, es standen drei auf dem Altar. Es ist ganz ruhig geworden in der Kirche, keiner traute sich etwas zu sagen, nur unser Pfarrer schmunzelte und sagte: „Ok, nun sind wir vollständig, auch unser Junge Martin ist da und wir können anfangen." Es hat genau solange gestürmt und geregnet, wie die Messe dauerte, und als Andy und ich aus der Kirche gingen, schien die Sonne, so als ob nie etwas anderes gewesen wäre. Und wir alle wussten: JA, er war auch DA!!! Danke mein Junge.

Kurz darauf noch ein Zeichen: Wir sind nach fünf Tagen wieder nach Hause gefahren. Andy und ich haben auf dieser Fahrt viel von Martin gesprochen und irgendwann kamen wir aus einem Tunnel und im Radio spielte Martins Lied. Das hörten wir immer, weil es das Rufzeichen von seinem Handy war. Es ist von Nelly Furtado, „Say it Right", und am Himmel sahen wir ein Kreuz. Andy und ich schauten uns an und sahen beide gleichzeitig auf die Uhr, es war 19 Uhr, Martins Todeszeitpunkt, genau einen Monat später. Er war mit uns und hat uns bei der Fahrt gezeigt, dass er immer bei uns ist!

Maria

Max S.

*15.05.1987 +31.08.2008

Sonntag, der 31.08.2008 – Max' letzter Tag

Sonntag 31.08.2008 - Ausschlaftag, du, mein lieber Sohn, kommst mittags zu mir herein, ich liege noch im Bett und du schaust mich an. Ich schaue dich an, wir sagen uns „Guten Morgen" und du sagst zu mir „Ich habe nicht viel geschlafen, da kann man ja wohl mal so aussehen." Ich habe gar nichts gesagt oder gefragt, kannst du Gedanken lesen? Tatsächlich fragte ich mich, warum du so fertig aussiehst, so geschafft an einem Sonntagmittag. Ich höre deinen Satz, ich sage nichts, wir lächeln uns an.

Ich stehe auf und möchte mit dir frühstücken, aber du magst nichts essen. Ich versuche dich ein letztes Mal zu überreden, mit mir zu kommen, ein wenig bummeln, shoppen - es ist verkaufsoffener Sonntag - für die Schule, die morgen beginnt, möchte ich mit dir einkaufen, aber du lehnst ab, möchtest allein gehen, setzt dich in deinen Lieblingssessel in deinem Zimmer und liest. Du siehst sehr zufrieden aus. Wir verabschieden uns, ich gehe los, es ist ungefähr halb zwei.

Es ist Sonntag gegen 18 Uhr, ich hole Paula, deine Schwester, von der Arbeit ab, wir trinken noch gemütlich zusammen einen Latte Macchiato bei Starbucks und kommen gegen 19 Uhr heim. Jetzt warten wir auf dich, dann kochen wir uns etwas Leckeres und schauen Tatort, wie immer am Sonntag.

Komisch, im Flur auf unserem Wäschekorb liegt deine Lederjacke. Es ist Sommer, es ist heiß, wolltest du sie anziehen? Du, der nie friert? - Ich werde dich fragen, wenn du heimkommst.

Komisch, in meinem Zimmer ist das Fenster geschlossen, es ist Sommer, da steht es entweder offen oder es ist gekippt, aber nie geschlossen. Ich werde dich fragen, wenn du heimkommst.

Komisch, Paula ruft mich, „Mama, komm mal in mein Zimmer". Dort steht der DVD-Player von dir mit einem kleinen Zettel, auf dem steht, dass du ihn deiner Schwester Paula schenkst. Warum? Paula versteht es nicht, sie hat doch einen. Wir werden dich fragen, wenn du heimkommst.

Es kann nicht mehr lange dauern bis du heimkommst, die Geschäfte haben schon geschlossen, ein wenig trödeln und noch hier und da schauen, aber dann wirst du hier sein.

Ich färbe mir die Haare und dann ist es soweit: 20:15 Uhr, Tatortzeit. Ich setze mich mit der Farbe auf meinem Kopf vor den Fernseher. Wenn du heimkommst, werden wir was kochen.

Gegen 20:30 Uhr klingelt es. Hast du deinen Schlüssel vergessen? Wir werden dich fragen, jetzt kommst du ja heim.

Max ist tot

„Mama, da sind zwei Frauen von der Kripo ...", das ist die Stimme von Paula ...
Manno, es ist doch Tatortzeit, ich habe Farbe auf dem Kopf und in dem Zimmer sieht es chaotisch aus, ich bin am Aufräumen, überall liegen Sachen, ich kann kaum auftreten ...

Ich bitte die Frauen in die Küche. Es gibt dort drei Barhocker, wir sind doch nur zu dritt und brauchen nicht mehr ...

„Ihr Sohn war/ist depressiv?" (Paula und ich sind uns nicht einig, ob sie "war" oder "ist" sagte) Vor meinem inneren Auge sehe ich einen Zug und meinen Max. In der Realität sage ich: „Nein, zumindest nicht diagnostiziert. Warum?"

Max ist tot, er sprang aus dem Fenster - 5. Etage - aus dem Fenster des Zimmers, in dem ich eben noch saß und wo noch immer der Tatort läuft ...
Max sprang nur eine Stunde nachdem ich die Wohnung verlassen hatte.
W A R U M ? ? ?

Erst einen Tag später entdecken wir in der Küche einen Burger von Burger King, einmal abgebissen ... Max´ letzter Einkauf ...

Nichts ist seitdem mehr, wie es einst war!!!

Schnell, ganz schnell habe auch ich gelernt, dass mich niemand aus meinem Umfeld verstehen kann. Ich habe mitfühlende und ganz liebe Menschen um mich herum, aber wissen, wie ich mich fühle, das kann niemand von ihnen. Niemand weiß, wie es sich anfühlt, wie es mich lähmt, auf welche Gedanken es mich bringt, wie sinnlos mein Leben für mich geworden ist.

Auf der Suche nach Menschen, die das gleiche Schicksal erleben mussten, finde ich ein Forum im Internet. Zum ersten Mal begegne ich Menschen, die wissen, was ich fühle und die mich verstehen. Ich fühle mich zum ersten Mal verstanden.

Aber da ist noch etwas ganz Neues für mich: Zum ersten Mal werde ich mit Aussagen über das Leben nach dem Tod konfrontiert, Aussagen, mit denen ich nichts anfangen kann, die mich eher beunruhigen.

Ich habe mich vorher nie mit dem Tod und dem Leben nach dem Tod auseinandergesetzt. Warum auch? Wenn jemand stirbt, dann ist er tot und alles ist vorbei. Der Tod hat erbarmungslos bei uns zugeschlagen, er hat mir den Boden unter den Füßen weggezogen, er hat mein Blut in meinen Adern gefrieren lassen, er hat mich unfähig gemacht zu denken, zu fühlen, zu handeln. Ich sehe nur fünf Buchstaben, die über meinem Kopf schwirren, fünf einfache Buchstaben, die ein Wort ergeben, das mir Fragen aufgibt, die Antworten fordern und die ich ohne dich, lieber Max, nicht beantworten kann - W A R U M ? ? ?

Geburtstag – Ohne dich, aber mit dir

Auszüge aus meinem Brief an meinen Max zu seinem 22. Geburtstag am 15.05.2009, 258 Tage ohne meinen Max und mit dem Bewusstsein, dass es ein Leben nach dem Tod nicht gibt, und auch keine Zeichen, die mir mein

Max schickt, denn der TOD bedeutet TOT sein, VORBEI, ENDGÜLTIG, einfach WEG ...

Mein lieber Max,

heute vor 22 Jahren habe ich dich zur Welt gebracht und es war, so kann ich rückblickend sagen, einer der schönsten Tage in meinem Leben.

Vor einem Jahr um die Zeit habe ich deine Geburtstagsgeschenke eingepackt, habe deinen Geburtstagskuchen gebacken, die 21 Kerzen aufgestellt und gewartet, dass es 00:00 Uhr wird um dir zu gratulieren, dich in meine Arme zu schließen und dir zu sagen, wie lieb ich dich habe.

Was habe ich dieses Jahr am Abend vor deinem Geburtstag gemacht? Ich habe dir deinen Lieblingskuchen (kalter Hund) in einer kleinen Herzform gerichtet, Paula hat 22 braune kleine Gläser mit einem weißen Edding beschrieben mit den Buchstaben HAPPY BIRTHDAY LIEBER MAX (sind 22!), in diese stelle ich 22 Teelichter und bringe sie zu dir, schreibe meine Gedanken an dich auf und spüre ganz deutlich, hier stimmt doch etwas nicht. Du müsstest jetzt aufgeregt in deinem Zimmer sitzen und darauf warten, dass es 00:00 Uhr wird oder unter irgendeinem Vorwand ins Wohnzimmer kommen, um zu schauen, was ich vorbereite, hier ist aber niemand, ich bin allein und du fehlst mir.
...

Ich habe mir heute noch einmal deinen Abschiedsbrief durchgelesen, du hast „Bis später“ geschrieben. Meine Freundin Elke, die Mama von Marius, der kurz nach dir verstarb, meint, dass du damit meinen könntest, „wir sehen uns wieder“, ich meine das nicht. Aber je öfter ich darüber nachdenke, empfinde ich diese Worte als eine tiefe Verbundenheit zwischen uns.

Du hast auch geschrieben, dass du keine Lust mehr hast zu leben, dass es keinen Sinn mehr hat und keinen Spaß macht. Ich wünsche dir, dass du deine innere Ruhe und Zufriedenheit gefunden hast, findest oder finden wirst.

Ich habe so viele Fragen, auf die ich keine Antworten mehr bekomme, ich lese gerade das Buch, das du in den letzten Minuten deines Erdenlebens noch zu Ende gelesen hast. Vielleicht hoffe ich, dass dies mir Antworten gibt, bislang noch nicht.
Du fehlst mir ganz doll. Auch wenn ich dich nicht in meine Arme nehmen kann, so bist du in meinem Herzen und in meinen Erinnerungen und meinen Gedanken, dies kann mir niemand niemals nehmen.

Bis später, deine dich liebende Mama

Langsam, ganz langsam dringen die Gedanken zu einem Leben nach dem Tod zu mir durch und langsam bedeutet viele Monate, ja sogar Jahre. Auch ich setze mich jetzt mit diesem Thema auseinander. Ich bin nicht gläubig, ich bin eine rational denkende Frau und doch finde auch ich in einigen Büchern Aussagen, die mich zum Nachdenken anregen, die mir logisch erscheinen und ganz langsam, Stück um Stück, wohlproportioniert, beginne ich mich zu öffnen, für diese für mich andere, neue Welt ...

Zeichen von meinem Max

Heute, viele Monate, ja sogar Jahre später kann ich aus tiefster Überzeugung schreiben, dass ich Erlebnisse aus früheren Tagen jetzt als Zeichen interpretiere.

Ein für mich wesentliches Zeichen habe ich jetzt schon mehrfach erlebt: Max hat einen Lieblingssong, „Bohemian Rhapsody“, den wir auch auf seiner Beerdigung gespielt haben.
Diesen Queen-Song habe ich seit Max´ Tod in verschiedenen für mich wichtigen Situationen völlig unerwartet gehört, so als ob mein Max mir ein Zeichen geben will, etwas zu tun, oder als ob er seine Zustimmung zu meinen Entscheidungen geben will, NEIN - Max gibt mir ein Zeichen, Max gibt mir seine Zustimmung!

Im September 2008, nur einen Monat nach Max’ Tod ...
Ich bin in Canada und versuche irgendwie zu überleben, wie das aber geht, das weiß ich nicht. Ich hole meinen Schatz von der Arbeit ab, steige

in den Truck und - ??? yeaaahhh, es wird im Radio „Bohemian Rhapsody“ gespielt. Es ist das erste Mal seit Max’ Beerdigung, dass ich das Lied höre, es tut mir einfach nur weh in diesem Moment. Aber stopp, da ist noch etwas, ganz tief in mir spüre ich ein warmes Gefühl, es kann nicht an die Oberfläche durchdringen, der Schmerz ist zu groß, aber es ist in mir, wenn auch nur ganz matt.

Im Dezember 2008 kaufte ich mir ein Auto, um die Möglichkeit zu haben, jederzeit zu Max zu fahren. Aufgeregt schaue ich es mir an, ich habe keine Ahnung, es muss einfach nur fahren. Ich lasse es mir erklären, wofür ist der Knopf, der Schalter, das Licht? Irgendwann frage ich nach dem Radio, wie es funktioniert, wir schalten es an und dann?
Wow, ich höre "Bohemian Rhapsody" von Queen, ein Lied, Max’ Lied, unser Lied. Mir bleibt die Luft weg, ich erstarre, ich schwelge in Erinnerungen und ich weiß heute, mein Max ist da. Ganz klar, das ist UNSER Auto. Natürlich ist das für mich ein Zeichen und es hat mir in der Tat auch schon damals ein Lächeln ins Gesicht gezaubert, ich habe es nur noch nicht so verstanden.

Februar 2012, mittlerweile lebe ich in Canada, wir sind unterwegs nach Dawson City. Der Radioempfang ist eine Katastrophe. Immer und immer wieder suche ich nach einem neuen Sender, stundenlang, 550 km lang und dann haben wir unser Ziel fast erreicht. Ich sehe schon von weitem das Ortseingangsschild. Wir passieren das Schild "Welcome to Dawson City" und was passiert jetzt?
WOW, yeaaahhh, "Bohemian Rhapsody" von Queen, Max’ Lied, ich kann es nicht fassen, ich spüre sie sofort, diese Wärme, die durch meinen Körper strömt, das Lächeln in meinem Gesicht, meine leuchtenden Augen, es ist der blanke Wahnsinn. Ich höre mich sagen: „Max ist auch schon da."
Danke, mein lieber Max, das fühlt sich so gut an.

Es ist ein Sonntag im März 2012. Ich wache auf, viel zu früh und habe kaum geschlafen. In der Küche wird das Frühstück zubereitet, ich liege im Bett, zu schlapp, um aufzustehen, unfähig wieder einzuschlafen, wie so oft, wie fast immer, gefühlt ständig. Bevor ich aufstehe, öffne ich mein MacBook und lese ein Kapitel dieses Buches. Als ich lese, dass sich Kerstin ein Zeichen von ihrer Kiki wünscht, da spreche ich so zu mir: „Ach Max, lass doch mal wieder etwas von dir hören, es ist schon sooooooo lange her ...." Ich lese weiter und was höre ich? Im Radio wird Max' Lied gespielt, „Bohemian Rhapsody“ von Queen. Welch ein schöner Morgen. Ich springe gut gelaunt aus dem Bett, voll Energie und Kraft. Schlaflosigkeit, Müdigkeit - alles wie weggeblasen, ein wunderschöner Sonntag beginnt. Vielen Dank Kiki & Max.

Seit einiger Zeit habe ich auf facebook "Queen" abonniert, jeden Tag bekomme ich etwas zugeschickt, Titel von Queen, die Geschichte zu Titeln, Geschichten der Band ...

15. Mai 2012, Max' 25. Geburtstag, ich erwache, ich öffne meinen Rechner, ich suche ... Yeaaaaaaah, "Bohemian Rhapsody" ist das Lied, was an diesem Tag von der Queen-Seite auf facebook verschickt wurde. Welch tolles Zeichen!

Es gibt aber auch noch andere Begebenheiten, die ich für mich inzwischen als deutliche Zeichen von meinem Sohn interpretiere. Auch hier möchte ich zwei Beispiele anführen, die für mich eine tiefere Bedeutung haben.

Es ist der 11. Mai 2009, ich bin bei meinem Max und sehe einen kleinen Frosch, er krabbelt in den Pflanzen herum, er lässt sich fotografieren, blickt mich neugierig an und springt langsam weg. Und dieser Frosch begrüßt mich auch die darauf folgenden Tage, auch am 15. Mai 2009, Max' ersten Geburtstag ohne ihn und doch mit ihm. Ich habe keine Zweifel, dass es immer derselbe Frosch ist, damals nicht und heute auch nicht.

Und da erinnere ich mich daran, dass Max öfter als kleiner Neugeborener so einen Gesichtsausdruck hatte, so dass wir liebevoll sagten: „Du ziehst eine Schnute wie ein kleiner Frosch." Und auch dieser Frosch zaubert mir ein Lächeln ins Gesicht. Ich weiß, dass ich auch damals schon tief in mir diese Begegnung als ein Zeichen spürte, es war mir nur nicht bewusst und umso mehr erfreut es mich, dass ich es heute so sehe.

14. Mai 2012, meine Freundin richtet das Grab zu Max' Geburtstag. Sie steckt Rosen, zupft Unkraut und was sieht sie plötzlich? Einen großen Frosch, der ihr zuschaut, sich von ihr fotografieren lässt. Kein Zweifel, es ist derselbe, er ist sehr gewachsen in den vergangenen drei Jahren. Und das kann kein Zufall sein. Es ist soooo schön, dass sich mein Frosch,

unser Frosch immer zu Max' Geburtstag meldet, denn genau diese schwere Zeit wird dadurch erträglicher, wenn das denn geht, dann so.

Das ist der große Frosch - auf Max' Grab sitzend ...

Mein Max ist mir ganz nah, das fühle ich und das, genau das, ist für mich ein Zeichen. Es ist dieses warme Gefühl, was ich empfinde, dieses Blitzen und Funkeln in meinen Augen, ein Lächeln wird in mein Gesicht gezaubert und die Mundwinkel reichen von einem zum anderen Ohr, vom Kopf bis zum großen Zeh überkommt mich ein wohliges Gefühl. Es ist warm, fühlt sich gut an, es kribbelt. Dann, genau dann ist mein Max mir ganz nah.

Die Erde dreht sich weiter ...

Ich weiß, wie sich Endgültigkeit anfühlt, das Wort, das zu über 90 % missbraucht wird, denn es gibt nicht wirklich viel auf dieser Welt, was endgültig ist. Kurz nach Max' Tod wusste ich, es kann mir nichts Schlimmes mehr auf dieser Welt passieren, das Schlimmste, was mir passieren konnte, ist eingetreten: Mein Kind ist tot. Meine Flugangst, die ich bis dahin in mir hatte, ist verflogen. Heute fühle ich mich über den Wolken meinem Max sehr nah, ganz besonders, wenn ich über Grönland fliege.

Ich beginne bewusster zu leben, werde sensibler, verliere vollständig das Interesse an Oberflächlichkeiten, sortiere in meinem Leben aus, bin sehr radikal geworden. Ich schaue nach mir, was tut mir gut? Diese Frage zu beantworten, fordert viel Kraft von mir. Ich begreife, dass ich nicht weiß, was mir gut tut, ich lerne Stück für Stück anhand von negativen Erfahrungen. So arbeite ich mich langsam vorwärts und spüre, was mir tatsächlich gut tut.

Ja, ich lebe bewusster, ich habe viel gelernt und heute, fast vier Jahre nach Max' Tod kann ich schreiben, dass ich auch wieder Glücksmomente in meinem Leben habe, dass ich Freude empfinden kann, dass ich eine Perspektive sehe und Zukunftsvisionen in mir habe. Nichts ist mehr so, wie es einst war. Mit Max' Tod ist auch ein Teil in mir gestorben und ich weiß sehr genau, dass ich nicht weiß, was morgen ist. Ich lebe im Jetzt und Hier und versuche jeden Tag so zu leben, dass ich mir am nächsten Morgen nicht den Satz sagen muss: „Aber hätte ich doch ..."

An dieser Stelle möchte ich mich bei meiner lieben Paula bedanken. Ich glaube, ich habe es dir, liebe Paula, nie so direkt gesagt, aber ich erinnere mich sehr genau an diese Zeit, es waren ca. fünf bis sechs Monate nach Max' Tod und ich war daheim - krankgeschrieben. Du kamst mittags von der Schule und ich war verdammt stolz auf mich, dass ich es geschafft hatte, bis dahin aufgestanden zu sein und mir die Zähne geputzt zu haben. Du hast das nicht so gesehen, du wolltest einen "normalen" Tagesablauf. Ich habe es nicht geschafft, dir gerecht zu werden, aber ich habe mich bemüht. Du hast mir so sehr geholfen, meinen Weg in dieser "neuen" Welt zu finden, und dafür danke ich dir. Ich bin verdammt stolz auf dich.

Als Jugendliche schrieb ich Geschichten, kleine Bücher, Gedichte. Kürzlich blätterte ich in meinen Aufzeichnungen und war sehr erstaunt, womit ich mich damals intensiv auseinandergesetzt hatte. Dieses Gedicht schrieb ich mit nur 14 Jahren und wenn ich es heute lese, fühlt es sich an als wenn ein Teil in mir schon damals wusste, was mir einmal passieren wird ...

ihr erster tod

so, steht sie da,
die augen voller angst,
der mund um 10 jahre gealtert,
die haare, eben noch gekämmt,
hängen strähnig herunter.
den telefonhörer hält sie verkrampft
in ihren zitternden händen
so, steht sie da,
es muss etwas schreckliches passiert sein.
so, steht sie da,
vor 6 minuten noch,
saß sie unter einem lachenden volk,
die nachricht über das telefongespräch,
ließ sie erschrecken.
sie konnte nichts gutes
von dem anrufer erwarten.
so, steht sie da,
langsam lässt sie sich auf einen stuhl gleiten
sie erstarrt.
völlig erschöpft,
sie kann es noch nicht fassen.
ein von ihr geliebter mensch ist tot.
ihr herz schrumpft
und in diesen minuten stirbt sie zum ersten mal.
so, steht sie da,
und wartet auf den tod,
der sie bald übermannt.
sie weiß, dass sie noch viele tode sterben muss,
ehe man sie begräbt.

so, steht sie da,
mitten in einer gruppe
und fühlt sich doch so allein.
keiner kann mit ihr den schmerz teilen,
es hilft nichts, er ist tot.
so, steht sie da,
auch sie weiß,
dass ihre tränen ihn nicht wecken werden.
so, steht sie da,
und stirbt ihren tod.

Bis später, mein lieber Max, ich habe dich unendlich lieb, deine Mama

Nadja S.

Michi R.

*21.05.1978 +28.06.2004

... ganz nah und doch so fern

Michi verstarb am 28. Juni 2004 in den frühen Morgenstunden an plötzlichem Herzversagen, er ging abends ins Bett und war am anderen Morgen tot. Sein letzter Lebenstag verlief völlig normal, seine Freunde haben erzählt, er sei an diesem Tag so gut drauf gewesen wie lange nicht mehr.

Für uns brach eine Welt zusammen, plötzlich war nichts mehr so wie es einmal war. Wir waren mal sechs, nun sind wir nur noch fünf …

Was ich als Zeichen meines Kindes empfinde:

Michi starb im Juni 2004 und im September 2004 waren wir in der Philharmonie in Dresden bei einem Konzert. Auf der Bühne saß ein Cellist, der ein Solo spielte. Sofort fiel mir ein, wie Michi, als er 11 Jahre alt war, sich ein Instrument ausgesucht hatte. Das Cello war ihm zu „dumpf", er wollte Bratsche lernen. Als ich den Cellisten spielen hörte, wurde ich ganz traurig, dachte an Michi und konnte nicht begreifen, dass er nicht mehr da war. Ganz plötzlich stand er neben mir. Er stand so real und dicht bei mir, dass ich ihn hätte anfassen können. Niemals werde ich dies vergessen. Er hat meine Verzweiflung gespürt und wollte mir sagen: „Mama sei nicht traurig, ich bin immer bei dir."

Einmal war ich sehr traurig, bedrückt und hatte keine Lust mehr ... ich wollte einfach dort sein, wo Michi auch ist. Nachts habe ich geträumt, Michi kam zu mir, setzte sich an mein Bett und sagte: „Mama, ich kann dich dort noch nicht gebrauchen, wo ich bin. Bitte habe keine solchen Gedanken mehr. Ich möchte, dass du wieder lachst, dass du wieder fröhlich bist, wieder lebst. Geh raus, unternimm was ..." Als ich morgens aufgewacht bin, war der Traum noch so präsent, als sei es gerade erst geschehen.

Wenn meine Familie und ich im Sommer im Garten sitzen und grillen, kommt immer eine Amsel, setzt sich auf den Kamin und trällert ein Lied. Sie bleibt so lange sitzen, bis wir wieder ins Haus gehen. Für mich ist das ein Zeichen von Michi, der uns damit sagen will, dass er immer bei uns ist.

Mir ging es nicht gut, ich war traurig und voller Sehnsucht, es war mitten im Winter. Abends ging ich in mein Schlafzimmer und auf dem Fenster saß ein wunderschöner Schmetterling, ein Tagpfauenauge. Als ich ihn nach draußen befördern wollte, kam er immer wieder zurückgeflogen, er wollte einfach nicht wegfliegen. Erst als ich sagte: „Ja, Michi, ich habe begriffen ...“, ist er weggeflogen.

Auch Marienkäfer gibt es oft bei uns im Haus zu einer Jahreszeit, in der es diese Tiere eigentlich nicht geben kann. Eine meiner Töchter hatte dieses Erlebnis auch schon, sie glaubt ebenso wie ich an diese Zeichen.

Ich sitze vor dem PC, logge mich auf irgendeiner Seite ein, plötzlich bin ich ausgeloggt, ich habe selber aber nichts Derartiges getan.

In unserem Wohnzimmer haben wir Lampen, die durch eine Fernsteuerung an- oder ausgeschaltet werden können. Im Regal stehen Bilder meiner Kinder und mitten drin eine Lampe, die den ganzen Tag brennt. Immer wieder kommt es vor, dass diese Lampe plötzlich ausgeht. Auch bei anderen Lampen, die an diese Fernsteuerung angeschlossen sind, ist dies der Fall. Dazu muss ich sagen, dass ich auch einmal einen Traum hatte, in dem mir Michi sagte, dass er sich oft über die Elektrik bemerkbar machen würde.

Es gibt Situationen, da „rieche“ ich den Geruch von Michi ganz stark, so als ob er mir sagen wollte: „Ich bin immer bei dir.“

Ganz oft verspüre ich ein Krabbeln auf meinem rechten Oberarm, so als ob eine Fliege darauf herumlaufen würde. Es ist aber keine Fliege zu sehen. Ich denke dann, das ist Michi, der bei mir ist, der mich streichelt.

Als wir einmal spät abends - es war schon dunkel - auf den Friedhof gingen, hat uns ein Glühwürmchen vom Friedhofstor bis zum Grab begleitet. Dort schwirrte es durch die Luft und als wir wieder gingen, flog es mit und war am Friedhofstor verschwunden.

Wenn ich an dich denke,
bin ich oft traurig und voller Sehnsucht.

Wenn ich an dich denke,
bin ich voller Dankbarkeit, dass ich dich haben durfte.

Wenn ich an dich denke,
sehe ich Schmetterlinge und Sonnenblumen.

Wenn ich an dich denke,
hoffe ich, dass es dir gut geht.

Wenn ich an dich denke,
freue ich mich auf ein Wiedersehen.

August 2009

21. Mai 2011

33 Jahre wirst du heute,
trotzdem wirst du für mich
immer 26 Jahre alt bleiben.

Mein 26-jähriger Sohn,
noch nicht ganz ausgereift,
sondern noch lausbubenhaft,
aber viele Pläne im Kopf,
wie dein weiteres Leben aussehen soll.
Wärst du jetzt schon verheiratet,
hättest gar schon Kinder?

Viele Fragen, auf die ich keine Antworten
bekommen werde und das tut weh.
Oft denke ich noch,
du bist nur auf eine Reise gegangen
und kommst bald wieder.
Du bist nur auf der anderen Seite des Erdballs
und ich kann dich deshalb nicht sehen.
Oder ich denke, du hast im Moment keine Zeit
und kannst dich deshalb nicht melden,
wirst es aber bald machen.

Michi, du fehlst mir so sehr.
Ich würde so gerne deine Stimme einmal wieder hören,
dich in den Arm nehmen,
dich spüren, dich einfach bei mir haben.

Manchmal ist meine Sehnsucht so groß,
dass ich nicht weiß wohin damit.
Ich bin mir sicher, nein ich weiß es,
dass es auch allen anderen in unserer Familie so geht.

Und so bleibt mir heute nur wieder der Gang auf den Friedhof,
dort kann ich dir nur Blumen hinstellen und Kerzen anzünden.
33 Kerzen werden es diesmal sein.
Herzlichen Glückwunsch zum Geburtstag mein Kind.

Deine Mama

28. Juni 2011

Lieber Michi,

vor sieben Jahren hast du dich auf die Reise ohne Wiederkehr gemacht. Einfach so - ohne ein Wort, dabei wollte ich dir noch so viel sagen.

Ich kann es noch immer nicht fassen, bin deshalb manchmal wie erstarrt, will dort sein, wo auch du bist.
Noch ist meine Lebensuhr nicht abgelaufen, deshalb muss ich noch ein Weilchen warten, bis ich zu dir reisen kann, an diesen schönen und friedlichen Ort.

Deine Mama

Inzwischen sind fast acht Jahre vergangen, ich habe mich, so gut es ging, in meinem „neuen" Leben eingerichtet. Ich kann mich wieder an Kleinigkeiten erfreuen, kann auch wieder aus vollem Herzen lachen, aber ich kann nicht mehr sehr gut mit Nichtbetroffenen umgehen. Ihre Probleme erscheinen mir sehr oft banal ... ich verstehe sie einfach nicht mehr.

Michi du wirst mir immer fehlen, die Sehnsucht nach dir wird bleiben, wir bleiben uns nah, bis wir uns wiedersehen. Meine Liebe zu dir währet ewiglich.

Deine Mama

Mein Rat an alle Nichtbetroffenen: Sprecht mit uns über unsere toten Kinder, nennt sie bei ihrem Namen. Sagt uns nie, es wird schon wieder ... denn es wird nie wieder so sein wie es einmal war, weil unsere Kinder immer tot bleiben und sie sind und waren ein Teil unseres Lebens.

Ursula R.

Miriam B.

*13.03.1983 +21.09.2006

Miriam wurde an einem Sonntag geboren. Sonntagskinder gelten im Volksmund als Glückskinder, sie werden vom Leben bevorzugt, so heißt es. Miriam war ein sehr lebenslustiger und lebensbejahender Mensch. Sie liebte es, tanzen zu gehen und sich der Musik voll und ganz hinzugeben. Sie lachte viel und war fast jedes Wochenende mit ihren Freunden unterwegs. Ich kann sagen, sie war ein Teenie mit verrückten Ideen. Bis ...

Im Juli 2004 erhielt Miriam die Diagnose „Analkarzinom". Sie war gerade 21 Jahre alt geworden. Es folgten OP, Chemo und Bestrahlungen. Nach einem halben Jahr dachten wir, sie hat alles überstanden. Im Juni 2005 entdeckten die Ärzte eine Metastase im Beckenraum. Und wieder begann das ganze Programm. Trotz OP, Unmengen von Bestrahlungen und Chemoeinheiten breitete sich die Metastase weiter aus. Der gesamte Beckenraum war mit Krebszellen durchsetzt mit Tumoreinbruch in Vagina, Blase und Darm. Die Schmerzen waren nur mit einer Morphiumpumpe zu ertragen.

Im September 2006 wurde sie von ihren Schmerzen erlöst. Miriam war 23 Jahre alt.

Die letzte Lebenszeit meiner Miriam durfte ich gemeinsam mit ihr und ganz intensiv in einem Kinder- und Jugendhospiz verbringen. Hier konnte ich ihr ganz nahe sein, ihre Hand halten, sie streicheln, ja, ihr einfach das Gefühl geben, sie ist nicht allein.

Mein Elternzimmer befand sich in einem Nebengebäude. Hier hin zog ich mich nur zum Schlafen zurück. Ich wurde wach und hörte, wie meine Tochter zu mir sagte: „Mama, ich schaffe es nicht mehr."

War es die innige grenzenlose Verbundenheit zwischen uns beiden?

Waren es ihre wirklichen Gedanken, die sie mir herüberschickte?

Einen Tag später ist sie für immer ruhig eingeschlafen.

Etwas Unfassbares ist geschehen.
Mein Kind ist tot!

Mein Schatz, den ich 23 Jahre versucht habe, zu behüten und zu beschützen, musste für immer gehen.

Wie soll ich es aushalten? Wie kann ich ohne Miriam weiterleben?

Nichts anderes zählt mehr für mich - nichts anderes hat eine Bedeutung mehr. Ich habe nur den einen Wunsch:
Noch einmal Miriams Nähe zu spüren,
sie noch einmal zu umarmen und
noch einmal ihre Stimme zu hören.

Eines Nachts klingelt das Telefon im Zimmer nebenan. Ich werde davon wach und verlasse mich auf den Anrufbeantworter. „Mithören" war ja einprogrammiert. Aber nichts geschah, weder eine Stimme war zu hören, noch irgendwelche Geräusche folgten. Natürlich ärgerte ich mich, weil mein „kostbarer" Schlaf gestört wurde. Am Morgen darauf leuchtete die Lampe am Telefon, die anzeigt, dass sich ein Gespräch auf dem AB be-

findet. Ich drückte den Knopf und ich hörte eine Stimme laut, deutlich, weinerlich rufen:
„Mama"
Es war eindeutig Miriams Stimme. Weiter nichts.
Immer wieder und immer wieder hörte ich mir dieses eine Wort an. Ich wurde fast ohnmächtig. Was sollte ich denken? Hat es bei mir schon ausgehakt? Meiner Familie habe ich es natürlich vorgeführt und wir waren uns alle einig, es ist Miriams Stimme.

Die Datumsanzeige stand auf 04.08., es war im November 2006.
Heute glaube ich daran, dass dies ein sicheres Zeichen meiner Miriam war.

Damals war es mir noch nicht bewusst, dass der Tod nur der Übergang in eine andere Form eines anderen Lebens ist und somit mein Kind immer bei mir sein wird, nur in einer anderen Dimension.

Für Miriam war Sport immer sehr wichtig. Schon in der Schulzeit gab es Theater, wenn sie einmal in diesem Fach nicht ein „sehr gut" bekam. Dreimal in der Woche war Fitness angesagt.

Vor ungefähr zwei Jahren kam mir der Gedanke, mir könnte es auch nicht schaden, wenn ich mich ein wenig sportlich betätigen würde. Gleich bei mir in der Nähe ist ein Frauen-Sportstudio. Ich meldete mich dort an. Meine müden Knochen und Gelenke werden sich gewundert haben, weil endlich einmal wieder etwas Schwung in meinen Körper kam. Und Miriam wäre stolz auf ihre Mama.

In diesem Sportstudio befindet sich in einem separaten Raum ein großes Regal mit vielen Fächern für unser Sportzeug. Jeder sollte sein ständiges Fach haben, aber sie reichen trotzdem nicht aus. Nur wenn einer ausscheidet, wird ein Fach frei.

Da ich merkte, dass dieses Trainingsprogramm mir sehr gut tat, überredete ich Manuela, meine andere Tochter, sich doch auch anzumelden. Manuela gefiel das und sie ging dann immer von der Arbeit aus dort hin. Jedes Mal die Sportsachen mit zur Arbeit schleppen war ja auch nicht so ideal. Aber es gab kein leeres Fach mehr.

Beim Trainieren sind meine Gedanken oft bei Miriam. Einmal sagte ich innerlich zu ihr: Weißt du, Miriam, du könntest ruhig einmal dafür sorgen, dass ein Fach für Manuelas Sachen frei wird. Was soll ich sagen, eine Woche später gingen wir gemeinsam ins Sportstudio und gleich neben meinem Fach war ein anderes frei geworden.
- Danke Miriam -

Da ich nicht an Zufälle glaube, denke ich, Miriam wollte uns damit zeigen, dass sie es gut findet, dass im Alltag ihrer Schwester Sport jetzt auch eine Rolle spielt.

An einem Wochenende war seit langer Zeit einmal wieder Manuela mit ihrer Familie bei mir zu Besuch. Es sollte ein gemütlicher Nachmittag werden.

Ich stellte die Kaffeemaschine an, sie ging aber nach ein paar Sekunden aus. Die ganze Elektrik in der Wohnung lag brach, nur der Kühlschrank lief noch.

Nach dem Einschalten der Sicherung war alles wieder in Ordnung, nur die Kaffeemaschine lief nicht. Einige Minuten später ging auch diese wieder an und wir konnten Kaffee trinken. In all den Jahren gab es noch nie Probleme mit der Elektrik und die Kaffeemaschine war auch ziemlich neu.
Ich wusste, dass in diesem Moment Miriam anwesend war und uns bestimmt sagen wollte: „Hallo, ich bin auch bei euch, ich gehöre doch mit dazu.“

Jedes Mal, wenn Miriam mit ihren Freunden oder Freundinnen in die Disco ging, war vorher ein stundenlanges Ritual vor dem Spiegel angesagt, wie es eben so bei jungen Mädchen ist. Ihre ganze Wohnung roch dann nach ihrem Lieblingsparfüm. Oh, wie habe ich diesen Duft geliebt.

Vor ein paar Monaten kam ich von einer Einzelsitzung bei einem Medium. Ich war noch ziemlich durcheinander von dem, was ich dort erlebt hatte. Die Gedanken waren natürlich bei meiner Tochter. Mein Weg führte durch eine Villengegend und weit und breit war kein Mensch zu sehen

– aber ich roch ganz deutlich und intensiv das Lieblingsparfüm. Ich wusste, Miriam war bei mir.
Am Silvesternachmittag vorigen Jahres kündigte ich an, dass ich um 24:00 Uhr mit Miriam anstoßen werde. So war es auch. Ich prostete ihr zu „Alles Liebe, meine Süße“ und mit einem Mal war dieser Duft von dem Lieblingsparfüm wieder da - nur ein paar Sekunden lang. Ich war ganz aufgeregt und erzählte das den anderen. Josephine, meine Enkeltochter, erwiderte daraufhin: „Oma, ich habe das auch gerochen.“ Also war es keine Einbildung.

Renate B.

Philipp K.

*27.02.1988 +13.01.2008

Philipp kam mehrfach schwerstbehindert zur Welt. Trotz seiner Handicaps war er fast immer ein ausgeglichenes und fröhliches Kind, das gerne beschäftigt werden wollte. Er konnte leider nie selbst etwas machen, wie z.B. laufen oder auch nur alleine und frei sitzen. Er musste gefüttert werden und später sondierten wir ihn auch.

Bis zu seinem 12. Lebensjahr hatte er keine besonderen gesundheitlichen Probleme. Er hatte selten Infekte. Dann ging es mit Pneumonien los. Er war häufig im Krankenhaus und 2002 erwischte es ihn so stark, dass wir wochenlang jeden Morgen in der Kinderklinik zu hören bekamen: „Philipp ist sehr krank, wir wissen nicht, ob er es schafft!“ Entgegen aller Meinungen schaffte es unser kleiner Kämpfer wieder einmal weiterzuleben. Gerade von der Intensivstation herunter, musste er sich noch einer Nieren-Operation unterziehen. Wir hatten schreckliche Angst. Die Operation dauerte 8,5 Stunden, und auch die meisterte er einfach großartig.

Wir mussten dann umziehen, weil unser Junge nur aus der Klinik entlassen wurde, wenn er ein großes eigenes Zimmer hätte. Bisher teilten sich Philipp und seine große Schwester Sabrina ein Zimmer, welches ziemlich klein war. Philipp sollte dann eigene Krankenschwestern bekommen, die auch teilweise bei uns übernachteten. Man sagte uns im Dezember 2002: „Suchen Sie sich eine große Wohnung." Dann ging alles sehr schnell. Wir fanden etwa 50 Meter Luftlinie von unserer alten Wohnung ein schwellenloses Haus, in das wir einziehen konnten. Am 24. Januar 2003 zogen wir ein. Philipp bekam seine Krankenschwestern, die uns auch in das Beatmungsgerät einweisen mussten, das ihn fortan nächtlich bei der Atmung unterstützte.

Es war eine schöne Zeit, wir fühlten uns sehr wohl in dem Haus. Als Lippi aus der Schule kam, wechselte er in eine Werkstatt für Behinderte. Die Schule mochte er all die Jahre überhaupt nicht, aber in der Werkstatt lebte er auf und freute sich jeden Morgen, wenn der Bus kam. Die Jahre flossen dahin, einige Male musste er notfallmäßig ins Krankenhaus, aber immer ging alles gut, sogar als er einmal ohne messbaren Blutdruck eingeliefert wurde.

Dann kam der 13.1.2008, ich kann bis heute nicht über den Tag reden ...

Das Einzige, was ich dazu schreiben kann: Die Notärztin, die wir schon von früher kannten, und die auch schon mit mir selbst im Rettungshubschrauber nach Göttingen geflogen war, stieg aus dem Rettungswagen und schüttelte nur mit dem Kopf. Ich schrie nur noch und merkte, wie es in meinem Arm ganz kalt wurde. Dann war es dunkel um mich, ich hatte eine Spritze bekommen noch auf unserer Einfahrt zum Haus.

Die Teamleitung unserer Krankenschwestern kam sofort. Sie wohnte auch bei uns in der Straße. Sie half meinem Mann Detlef und unserer Tochter Sabrina, unseren Philipp neu anzuziehen und ihn zu waschen. Ich lag einfach so da und bei mir waren zwei Seelsorger, aber dazu am Ende noch kurz ...

Diese Krankenschwester schrieb während ihrer Nachtdienste immer Briefe im Namen von Lippi an uns, morgens las ich Philipp immer vor, was Anne geschrieben hatte. Er liebte es, so den Tag zu beginnen.

Auf der Trauerfeier las der Pastor einige Texte vor. Es war sehr bewegend. Das konnte ich hören, weil um uns herum ziemlich laut geweint wurde. Die Kapelle war überfüllt und die Intensivstation lief im Krankenhaus mit Notbesetzung, weil alle auf Philipps Beerdigung waren. Der Stationsarzt nahm mich in den Arm, weinte und sagte nur: „Warum Philipp, warum gerade jetzt?“

Als Philipp nicht mehr bei uns war, wollte ich unbedingt seinen Namen tätowiert haben. Im Jahr darauf bekam ich zum Geburtstag einen Gutschein über ein Tattoo. Es wurde im April 2009 gestochen und ist wunderschön.

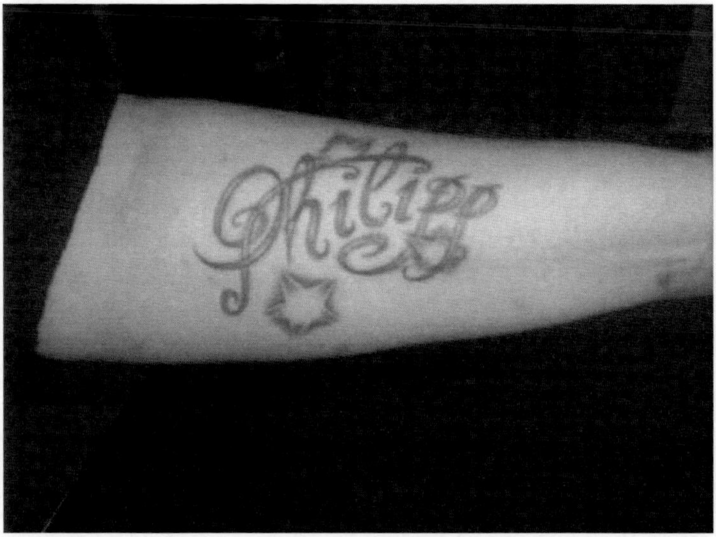

2009 wurde mein Mann 50 und unsere Tochter 25. Die beiden überlegten, ob sie gemeinsam eine Feier machen sollten. Mir war das nicht geheuer, aber die beiden sagten zu mir, dass Lippi doch so gerne gefeiert habe und er sicher dabei wäre. Ich hatte meine Zweifel, aber es war ihr Geburtstag und nicht meiner, also ließ ich sie gewähren.

Wenige Tage vor der Feier waren wir mit den Vorbereitungen beschäftigt, mein Mann war am Abrütteln unserer neuen Einfahrt, und meine Tochter saß oder kniete auf der Einfahrt, um mit den Händen ein Loch in den Boden zu machen, in das ein Sonnenschirm kommen sollte. Es war warm und völlig windstill. Ich kam aus dem Haus und schaute den beiden zu, wieder einmal in Gedanken bei Lippi. Mit einem Mal hatte ich das Gefühl, es stünde jemand neben mir, und es fühlte sich an, als würde fest über das Tattoo gepustet. Ich bekam eine Gänsehaut und schaute, ob es nicht vielleicht ein Windstoß gewesen sein könnte, aber nichts bewegte sich. Da wusste ich es, Philipp wollte mich beruhigen und mir sagen, dass die Feier in Ordnung wäre. Die Feier wurde ein Erfolg, und es wurde viel über unseren Jungen gesprochen.

Schmetterlingsgeschichte! August 2010

Mein Mann ist selbstständiger Landschaftsgärtner und seit dem Tod unseres Sohnes fuhr ich manchmal mit ihm hinaus, um ihm zu helfen. Diesmal arbeiteten wir an den Anlagen in einem Montessori Kinderhaus. Unsere Tochter ist Erzieherin und baute diesen Kindergarten gerade neu mit auf.

Am ersten Tag in diesem Garten sah ich einen kleinen unbeholfenen Zitronenfalter, er flog in meiner unmittelbaren Umgebung herum. Daran ist im August nichts Besonderes zu finden. Ich hielt meine Augen offen und suchte nach weiteren Schmetterlingen. Da es sich um einen verwilderten Garten handelte, hatte ich fest damit gerechnet, aber ich sah keinen weiteren Schmetterling. In den nächsten Tagen sah ich immer wieder nur diesen kleinen gelben.
Nach der ersten Woche war ich gespannt, ob ich ihn wiedersehe. Am Montag war er wieder da und ich habe mich gefreut und angefangen ihn „Philipp" zu nennen. Ich sprach jeden Tag mit ihm und habe es auch anderen verwaisten Eltern erzählt.

Ich wurde gebeten, dem kleinen Gelben zu sagen, dass die Mamas und Papas ihre Kinder grüßen. Ich habe es getan, und mit einem Mal flatterten zwei Pfauenaugen um mich herum. Ich sprach sie einfach mit Marius oder Marcel und Simon an, das waren die Namen, die mir spontan einfielen. Sie flatterten eine Weile um mich herum und waren verschwunden. Als sie weg waren, kam wie aus dem Nichts der kleine gelbe Unbeholfene wieder.

Ein Papa bat mich, seine kleine Alena zu grüßen und ihr zu sagen, dass sie so sehr fehlen würde. Ich hatte Angst, dass ich den Gelben nicht mehr sehen würde, da es ein Freitag war, und wir am darauffolgenden Montag das letzte Mal auf der Baustelle zu tun hatten. Mittlerweile war der Garten sehr ordentlich, so dass Schmetterlinge sich dort nicht mehr so wohlfühlten.

Am letzten Montag regnete es wie aus Eimern. Ich fragte meinen Mann: „Was machen Schmetterlinge bei Regen?“ Er sagte: „Wenn sie schlau sind, setzen sie sich auf die Unterseite eines Blattes.“ Jedenfalls rechnete ich nicht mehr damit, bei dem Regen meinen kleinen Philipp wiederzusehen und war entsprechend betrübt.

Als wir fertig waren und ich die anderen Handwerker bitten wollte, ihre Autos umzuparken, kam die Sonne heraus, aber alles war so nass. Ich drehte mich um, und da stieß er fast mit mir zusammen, mein Philipp. Ich trug noch schnell meine Grüße vor und sagte ihm, dass ich ihn liebe und er flog in seiner unverwechselbaren unbeholfenen Weise einmal um einen Busch in der Nähe und war verschwunden. Zwei schöne Wochen waren zu Ende.

Nach diesen zwei Wochen wurde ich gefragt, ob ich mir vorstellen könnte, dort als Reinigungskraft zu arbeiten. Ich nahm an und übernahm im September 2011 die Küche.

Teelichtgeschichte

Am Abend des 2. Mai 2009 entzündete ich am Bild meines Sohnes Philipp zwei Teelichter. Das eine Teelicht wollte aufgrund eines zu kurzen Dochtes nicht brennen. Zwei oder dreimal habe ich es wieder angemacht und es ging immer wieder aus. Also ließ ich es sein und achtete nicht mehr darauf. Gegen 23:30 Uhr ging ich ins Bett. Mein Mann schlief vor dem Fernseher. Ich schaute noch einmal nach den Kerzen, aber nur eine brannte und das auch nicht mehr lange, also ließ ich sie brennen.

Um 4:30 Uhr musste ich zur Toilette. Mein Mann war inzwischen auch im Bett. Auf dem Weg zum WC fiel mir auf, dass es im Wohnzimmer recht hell war. Ich ging hin und schaute, weshalb das so war. Ich vermutete schon, dass ich träumte, aber die Kerze, die ich nicht anbekommen hatte, leuchtete und das nach fünf Stunden. Wer jetzt vermutet, mein Mann hätte die Kerze angemacht, den kann ich beruhigen. Erstens würde mein Mann nie eine Kerze anmachen und dann schon gar nicht, wenn sie unbeaufsichtigt ist, und zweitens hat er für Kerzen allgemein nichts übrig.

Nun ist es schon über vier Jahre her, dass Lippi ins Licht gegangen ist. Ich träume oft von ihm, und ich nehme wieder bewusst am Leben teil. Zweieinhalb Jahre nach seinem Tod habe ich wieder angefangen zu arbeiten, eben in dem Kinderhaus, in dem die Schmetterlingsgeschichte passierte. Ich kann auch gut mit den Kindern dort umgehen und die Eltern wissen alle, was in meinem und dem Leben meiner Tochter passiert ist. Oft sprechen sie mich an und fragen mich, wie es uns geht!

Oben hatte ich geschrieben, dass ich mich noch einmal zu Seelsorgern äußern will. Bei uns waren zwei Notfallseelsorger, ein Mann von der Kripo und eine Frau von der Kirche. An die Frau kann ich mich gar nicht erinnern, sie sagte nichts und saß nur so herum. Der Mann allerdings sprach mit mir, obwohl ich ja - wie bereits erwähnt - ruhig gestellt war. Er sagte mir, dass die Notärztin keine Todesursache eingetragen hätte und ob er sich darum kümmern sollte. Ich schaute ihn nur an und er sprach weiter. Wenn keine Todesursache eingetragen wäre, dann würden sie meinen Kleinen obduzieren und das wollte ich doch sicher nicht. Ich nickte nur und er telefonierte. Dann kam er noch einmal zu mir und sagte, dass er es erledigt hätte und ich nun wieder etwas schlafen sollte, er würde bei mir bleiben.

Es ist so wichtig, gute Notfallseelsorger zu haben. Genauso wichtig ist es, dass wir uns unsere Träume bewahren. Ich für meinen Teil schreibe meine Träume und Erlebnisse in einem Buch auf, um sie nie zu vergessen.

Sabine K.

Robin K.

16 Jahre

Robin, du hast dich entschlossen, dein Leben selbst zu beenden. Warum du dies getan hast, bleibt für uns ein Rätsel. Du warst ein wenig schwermütig, für Jungs in deinem Alter nichts Ungewöhnliches. Erst auf den letzten Fotos von dir, die ich drei Wochen vor deinem Tod aufgenommen hatte, und Monate später entwickeln ließ, sah man eine tiefe Traurigkeit in deinen Augen. Wie es wirklich in dir aussah, darüber hast du mit niemandem geredet, nicht einmal mit deinem besten Freund. Du hast uns keinen Abschiedsbrief hinterlassen, nichts woraus sich uns erschließt, weshalb du nicht mehr leben wolltest. In der Schule lief es grad ganz gut, du hattest dich in deinen Leistungen sehr verbessert, warst in deiner Klasse und bei deinen Freunden sehr beliebt. Über den Verlust deiner ersten großen Liebe schienst du hinweggekommen zu sein. War alles nur Fassade?

Zwei Wochen bevor du gingst waren wir umgezogen, du hattest noch nicht einmal alle deine Sachen aus den Kartons gepackt. Am Umzugstag wolltest du ein letztes Mal in unserer alten Wohnung schlafen, auf der

Luftmatratze, fast alles war ja schon in der neuen Wohnung. Du wolltest mit deinen Freunden den Abend verbringen und am anderen Morgen wollten wir dann den Rest der alten Möbel auf den Sperrmüll schaffen - und anschließend gemeinsam in unser neues Zuhause fahren. Als ich mich am frühen Nachmittag von dir verabschiedete, hast du mich noch einmal zurückgerufen. Du hast mich ganz fest in den Arm genommen und mir gesagt, dass du mich sehr lieb hast. Etwas, was du schon lange nicht mehr von dir aus getan hattest. Am Nachmittag warst du seit langem mal wieder bei deiner Oma und auch von ihr hast du dich sehr überschwänglich verabschiedet. War das schon dein Abschied an uns? Wolltest du schon in dieser Nacht von uns gehen?

Fünfzehn Tage später, es war ein Sonntag, kamst du von einem Freund und warst kaum zu Hause, als du dich entschlossen hattest, noch einen Spaziergang zu machen. Es war totales Novemberwetter, grau und Nieselregen, aber trotz meiner Einwände wolltest du noch etwas gehen, wie du sagtest. Ja, du gingst, und ich ließ dich ziehen, doch du kamst nie wieder ... In dieser Nacht hast du dein Leben beendet und ein großer Teil von mir ist mit dir gestorben ...

So verrückt es klingt, aber das erste Mal, als ich ein Zeichen bewusst bemerkte, war es nicht von meinem Sohn, sondern von unserem Familienhund Jessi, die genau ein Jahr und elf Tage nach Robin, durch einen Unfall starb. Nicht durch Bücher (wäre auch nicht möglich gewesen, da ich etwa drei Jahre lang nicht lesen konnte, es war wie eine Blockade) oder Gespräche, wurde ich auf Nachtoderlebnisse aufmerksam, sondern durch sie. Jessi wurde dreizehneinhalb Jahre alt und mich verband mit ihr eine tiefe Vertrautheit, die ich zuvor noch nie zu einem meiner Tiere hatte. Wir verstanden uns ohne Worte und sie begleitete mich immer zu Robin auf den Friedhof, wo sie ohne Leine neben Robins Grab lag, als ob sie wüsste, dass er dort ist. Auch Robin liebte diesen Hund und sie war oft sein Tröster.

Jessi war ein sogenannter Freigänger, was dort wo wir wohnen, kein Problem ist. Sie starb bei ihrer Lieblingsbeschäftigung, der Mäusejagd, durch einen Rübengreifer. Ihr Gehör war wohl schon etwas schlecht geworden und im Jagdfieber muss sie die Maschine, die sich ja ohne Fahrzeugführer durch die Futterrüben wühlt, nicht bemerkt haben. Natürlich war ihr Tod nicht mit dem meines Sohnes zu vergleichen, trotzdem war ich an diesem Tag sehr traurig und weinte viel. Ein wenig tröstete mich der Gedanke, dass sie ja nun bei Robin sei, und ich dachte mir so, die beiden werden sich nun über ihr Wiedersehen freuen.

Wann immer ich abends ins Bett ging, brauchte ich nichts zu sagen, spätestens wenn ich aus dem Bad kam, hörte ich schon, wie Jessi in ihrem Körbchen aufstand, sich langsam streckte, um mir dann in die Schlafstube zu folgen und sich dort auf ihren Schlafplatz neben meinem Bett zur Nacht zu legen. Regelmäßig ging dabei erst der Bewegungsmelder im Flur und danach in der Stube an.

An diesem ersten Abend, nachdem Jessi nun gestorben war, ging ich wie immer erst ins Bad und anschließend ins Bett. Noch auf der Bettkante sitzend, hörte ich wie Krallen im Flur über das Laminat liefen, dann ging der Bewegungsmelder im Flur und in der Stube an, immer dabei das Geräusch der Pfoten auf dem Boden, das auch näher zu kommen schien. Völlig verwirrt rief ich meinen Hund, doch dann war Stille. Ich dachte noch bei mir, jetzt ist es so weit, bald kommen die Männer mit der Jacke, die man hinten schließt. Das gleiche Szenarium spielte sich am folgenden Abend ab. Und da machte sich in mir das Gefühl breit, dass es wirklich mein Hund sein musste, der vielleicht noch nicht ganz begriffen hatte, dass er nun in einer anderen Welt lebte. Vielleicht aber wollte sie auch nur nach uns schauen, uns sagen, vergesst mich nicht. Am dritten Tag brachte mein Lebenspartner einen Welpen mit nach Hause. Er war der Meinung, dass unsere dreijährige Tochter ganz schnell einen Ersatzhund brauche. Mir war es nicht sehr recht, aber wenn man dann so einen Winzling sieht, kann man ihn schlecht wieder hergeben. Und außerdem hätte ich das meiner Tochter nun wirklich nicht antun können, dass wir den Hund nicht behalten. An diesem Abend kam meine Jessi nicht mehr, und auch nie wieder. Grad so als ob sie nun sah, dass sie hier nicht mehr gebraucht wird und nun ihren Frieden finden kann.

Einige Wochen später ging das mit den Bewegungsmeldern wieder los. Doch diesmal bemerkte ich, dass es anders war. Sie gingen nur dann an, wenn ich mich mal wieder vor Kummer und Sehnsucht nach meinem Sohn in den Schlaf heulte, oder zumindest versuchte, in den Schlaf zu kommen. Ganz oft fühlte ich die Nähe zu meinem Sohn und wenn ich dann die Augen öffnete, ging das Licht an. Ich habe zu Anfang immer gedacht, dass es irgendeine Bewegung von uns ausgelöst haben muss, doch ich habe vom Bett aus alles probiert, um das Licht dazu zu bewegen, anzugehen. Aber egal, was ich tat, es war so eingestellt, dass es erst anging, wenn ich an der Türschwelle war. Nach einiger Zeit nahm ich es als Zeichen an und konnte mich auch etwas darüber freuen. Und so manches Mal musste ich bei dem Gedanken schmunzeln, dass es Jessi gewesen sein könnte, die Robin gezeigt hat, wie man das mit dem Licht macht.

In den letzten drei Jahren ist es seltener geworden, dass die Bewegungsmelder angehen, doch muss ich mich auch heute nicht mehr so häufig in den Schlaf weinen.

Mein Sohn hatte seinen Spitznamen „Robbe“ nicht nur wegen der Ähnlichkeit mit seinem Namen, sondern auch, weil er so große tiefdunkelbraune, ja fast schwarze Augen hatte, wie sie eben die Robben haben, mit ganz dichten, langen gebogenen Wimpern. Und schon zu Lebzeiten, waren die Robben immer auch mit dem Gedanken an Robin verbunden. Er besaß auch eine kleine Sammlung von Robben aller Art.

Eines Abends lag ich in der Wanne, meine Gedanken weilten bei meinem Sohn und mich beschlich eine tiefe Traurigkeit. Als ich mich aufrappelte und mich zum Waschen hinsetzte, sah ich in dem übrig gebliebenen Badeschaum etwas, was mich völlig umhaute. Es war eine Robbe, ganz deutlich zu sehen, etwa 20 x 20 cm groß, und diese Robbe hatte eine Flosse wie zum Winken hochgehoben. Ich saß total erstarrt in meiner Wanne und getraute mich nicht, mich zu bewegen. Ich saß so lange still, bis sie sich leider nach, ich weiß nicht wie vielen, Minuten von alleine auflöste. Es war für mich wie so ein „Sei-nicht-so-traurig-Zeichen“. Und meine Traurigkeit war an diesem Abend auch in ein kleines Glücksgefühl, mit Dankbarkeit für dieses Zeichen, umgewandelt.

Als Robin noch klein war, machte es ihm viel Spaß, zusammen mit mir in die Wanne zu gehen und wir haben auch immer im Schaum nach Figuren gesucht. Wie auch beim Autofahren in den Wolken.

Am Tag nach Robins Tod waren wir beim Bestatter und konnten ihn uns endlich noch einmal ansehen(was tags zuvor lt. Bestatter angeblich nicht möglich war). Wie mir danach zu Mute war, muss ich wohl sicher nicht beschreiben ...

Auf der Heimfahrt (ca. 10 km) sah ich ab dem Ortsausgang einen Graureiher. Dieser flog direkt neben dem Auto her und immer auf meiner Seite. Irgendwie hatte ich das Gefühl, dass Robin mir ganz nahe ist. Mein Partner fuhr sehr langsam, auch ihm fiel nach dem gerade Erlebten die Konzentration auf den Straßenverkehr sehr schwer. Der Reiher flog bis zum Ortseingang unseres Wohnortes neben dem Auto her. Trotz mehrerer Richtungswechsel, grad so, als ob er auf uns aufpasste, dass wir auch ja heil daheim ankommen.

Im ersten Jahr danach war ich nicht wirklich offen für solche Zeichen, doch sah ich öfters einen Graureiher, dachte mir aber nichts dabei. Ca. drei Jahre später, machte meine Tochter ihre Seepferdchenprüfung. Das Hallenbad hat nach hinten raus ein Panoramafenster. Daran grenzt eine Wiese mit einem bewaldeten Hang. Natürlich fotografierte und filmte ich meine Tochter beim Schwimmen und plötzlich dachte ich: Mensch Robin, wenn du das jetzt sehen könntest, wie deine einst so wasserscheue Schwester hier wie ein Fisch im Wasser schwimmt .... Und noch bei dem Gedanken sah ich in Richtung Fenster - und dort stand doch tatsächlich ein Graureiher auf der Wiese, sah mich direkt an, nickte mir kurz zu, um sich dann ein paar Schritte weiter in die Lüfte zu schwingen. Und da wusste ich es einfach, es war Robin, der seiner Schwester zusah.

Anfang 2011 kam ich von der Arbeit. Es dämmerte schon und ich hatte es, wie immer, sehr eilig, da meine Tochter immer ganz pünktlich aus dem Hort kommt. Plötzlich flog kurz vor dem Ortsausgang ein Graureiher direkt vor meinem Auto über die Straße. Ich bekam einen mächtigen Schreck, sah dabei etwas nach oben und sah vor mir, in etwa 2 km Entfernung ganz viele rote Lichter und Blaulicht. Es war ein Unfall passiert und um nicht in den Stau hineinzukommen, der wer weiß wie lange gedauert hätte, schaffte ich es gerade noch rechtzeitig, rechts in eine andere Straße abzubiegen und so den Stau zu umfahren. Ohne diesen Graureiher hätte ich gar nicht so weit voraus die Straße entlang geschaut und wäre voll in den Stau gefahren.

Nach diesen, bis jetzt drei Zeichen mit Graureihern, weiß und fühle ich einfach, wenn ich einen dieser großen Vögel sehe, dass es mein Sohn ist, der mir irgendetwas zeigen will und auf mich aufpasst.

Frühjahr 2011, mein Auto war kaputt und sollte für mindestens zwei Tage in der Werkstatt bleiben. Nun musste ich also mit dem Bus zur Arbeit fahren. ICH, die, seitdem ich den Führerschein habe, in kein öffentliches Verkehrsmittel mehr eingestiegen war. Horror pur für mich, denn davon hatte ich so gar keinen Plan. Doch dafür etwas Glück im Unglück, denn morgens nahm mich eine Bekannte mit dem Auto mit. Doch am Nachmittag musste ich dann doch zum Busbahnhof gehen. Zum Glück ist dieser recht gut ausgeschildert und ich suchte bei den vielen Haltestellen meinen Heimatort. Ziemlich am Ende des Busbahnhofes und auch jetzt schon meiner Nerven, fand ich dann die richtige Haltestelle. Ich hatte noch fast eine halbe Stunde Zeit bis zur Abfahrt, wollte mich gerade auf die zweite dort vorhandene Bank setzen, um die Zeit mit einer Zigarette zu verkürzen und meine Nerven zu beruhigen, da sah ich auf der Sitzfläche der Bank, dass sie voll war von Kritzeleien: Zeichnungen, Namen, Zahlen … - und dann, wie ein Blitz durchfuhr es mich, stand doch tatsächlich in der Mitte und ganz groß der Name meines Sohnes! Grad so, als wolle er mir sagen: „Mutter, hier biste richtig, beruhig dich mal!“

Zufall? Vielleicht, aber warum genau auf dieser Bank, genau an meiner Haltestelle? Es gibt dort 14 Bussteige und auf jedem stehen zwei Bänke ... und hätte ich mich gleich auf die erste Bank gesetzt, hätte ich es gar nicht gesehen ...

Als dann der Bus kam, war es mir noch immer nicht so ganz geheuer, ob es auch der Richtige war, und ich war so lange unruhig, bis er endlich die Stadt hinter sich ließ und in die korrekte Richtung fuhr. Und da, grad als ich mich beruhigt in den Sitz fallen ließ, sah ich am Himmel eine riesige Wolke in Form eines Engels, mit ausgebreiteten Flügeln. Wow, dachte ich nur, und war mir nun ganz sicher, dass ich heil zu Hause ankommen werde ...

Die Zeit

Die Zeit, wer kann mir sagen, wo ist sie geblieben,
hab dich grad eben geboren, um dich zu lieben.
Jetzt bist du schon über vier Jahre fort,
und weilst nun, an einem anderen Ort.

Die Zeit rast, es gehen hin die Stunden,
hab dich grad noch beim Spiel, in deinem Versteck gefunden.
Erst gestern, so scheint`s mir - kam der Schule ernster Sinn,
es war eben doch zu sehen, der erste Flaum auf deinem Kinn.

Die Zeit, sie fliegt dahin mit geblähten Segeln,
du hast sie nicht mehr ertragen, die Normen und Regeln.
Hast dir gebaut, deine eigenen Flügel,
nun liegst du hier und auf dir liegt ein Hügel.
Die Zeit vergeht doch immer so schnell
wenn die Seele ganz frei ist, und erstrahlt so hell.
Doch ist sie beengt, allein in Dunkel und Trauer,
zieht sich um die Zeit eine hohe Mauer.

Die Zeit, die eben noch so rasch verronnen,
jetzt blieb sie fast stehen, und ich seh' keine Sonnen.
Mit jeder Stunde, Minute, Sekunde - vermisse ich dich mehr,
dass du von mir fortgingst, das war nicht fair.

Die Zeit, die wir Beide noch hätten zusammen gewonnen,
diese Zeit, hast du uns Beiden genommen.
Du gingst, ohne mit jemandem zu reden
und lässt mich allein - wie soll ich nur ohne dich leben?

WARUM NUR??????????????

Für Robin, von deiner dich immer liebenden Mutti
2008

Fragen an die Sternenkids

In der Nacht all die Sterne so wunderschön blinken,
doch weiß ich nicht, zu welchem soll ich dir winken.
Wohin soll ich schicken, zu dir meinen Kuss,
bist du vielleicht ja doch auf der Venus?

Könnt ihr da oben wandeln, von Sternen zu Planeten,
habt ihr gesehen, Silvester die tausenden Raketen?
Wisst ihr es, jede Einzelne sollte euch beschenken,
sollt sagen, dass wir immer und überall an euch denken?

Wenn ihr so wandelt, dort oben am Himmelszelt,
was denkt ihr, wenn ihr herab schaut auf diese Welt?
Während wir um euch weinen ..., lacht ihr aus ganzem Herzen,
denkt euch, was sollen die vielen Kerzen?

Sagt ihr, die Armen ...., sie wissen es noch nicht,
dass es schön hier ist, wenn man gegangen ist, ins Licht?
Dürft ihr uns nur manchmal ein Zeichen geben,
wenn wir mal wieder Hoffnung brauchen im Leben?

Könnt ihr nicht Gott bitten, oder wen auch immer,
zu viele Zeichen von euch, kann es geben nimmer?
Was tut ihr dort oben, den ganzen Tag und die Nacht,
tratscht ihr, spielt ihr und Einer steht immer auf Wacht?

Erzählt dann der, der Wache für euch hält,
wenn hier was los ist, auf unserer Welt?
Wenn eine Mum, vor Schmerz nicht mehr weiter weiß,
schickt ihr dann für sie kleine Zeichen, ganz leis`?

Warum kommt ihr nicht nochmal kurz zurück,
und begleitet uns, auf dem Weg ein Stück?
Sollen wir nicht mit Gewissheit wissen, es geht euch gut,
wir hätten dann doch für unser Leben wieder mehr Mut?

Oder wollt ihr nur weiter über uns lachen,
und mit uns, eure Zeichen-Späße machen?
Das ist`s, jetzt komm ich drauf, mein großer Held,
Humor regiert auch in der Sternenwelt.

2009

Lieber Gott

Gott - der du genommen hast unser Kind,
jetzt sind wir wie Sturm ohne Rauschen und Wind.
Wie ein Meer ohne Wasser und Wellen,
wie ein Wachhund ohne Zähne und Bellen.

Mit welchem (Un)Recht konntest du uns das Liebste rauben,
wer immer es tat, wie soll er jetzt noch an dich glauben?
Wir sind wie der Herbst ohne Nebel und Feuchtigkeit,
wie eine Feder und ein Schmetterling ohne Leichtigkeit.

Wie konntest du einer Mutter den Sinn nehmen im Leben,
was bezweckst du damit, was ist dein Streben?
Lässt uns zurück wie ein Baum ohne Stamm und Blätter,
kahl wie ein Fels, der gegerbt ist vom Wetter.

Wozu brauchst du so viele Kinder im Himmel,
hast doch der Engel schon ein arges Gewimmel.
Doch wir sollen leben, wie ein Vogel ohne Federn und Flügel,
wie ein Reitpferd ohne Sattel und Zügel.

Sag`s uns, denn wir können es nicht verstehen,
musst doch unsere Schmerzen und Leid hier sehen!
Sind wie ein Lachen ohne Frohsinn und Mund,
wie ein Schwanz, der wedelt ohne den Hund.

Was haben wir getan, dass wir so leiden müssen,
haben wir vergessen, dem Pastor den Ring zu küssen?
Haben wir dich nicht genug verehrt und gelobt,
haben wir verletzt, einmal ein Gebot?

Also bitte Gott, was müssen mir machen,
um zu hören unser Kind wieder lachen?
Mehr Gebete, Kollekte, mehr Frieden und Kerzen,
käme dann auch der Glaube zurück in unsere Herzen?

Können wir dann, wenn auch wir gestorben sind,
in die Arme wieder schließen, unser Kind?
Kannst du uns das wenigstens garantieren,
dann müssen wir hier nicht mehr lamentieren.
Denn würden wir das 100%ig, ganz genau wissen,
wollten wir dich, lieber Gott, nie wieder missen.

2010 (Entstanden aus dem Gespräch mit einer verwaisten Mutter, die mit Gott und ihrem Glauben haderte)

Der Tunnel

In einem Tunnel- da seh ich mich,
doch ein Ende seh ich noch lange nicht.
Um mich herum, ist es finstere Nacht,
was mich vor Angst fast wahnsinnig macht.

Schau ich nach hinten, seh ich mein altes Leben,
seh ich nach vorn - was kann mir die Zukunft noch geben?
Ohne dich ist alles so schwarz und grau,
bin oft nur noch eine gebrochene Frau.

Nur manchmal, da seh ich ein kleines Licht,
doch schaff ich den Weg - ich weiß es nicht.
Bis ans Ende des Tunnels, der vom Licht erfüllt,
das mich wieder in Wärme und Liebe einhüllt.
Das mir zeigt, wie viel Wunder es gibt auf dieser Welt,

alles was man nicht kaufen kann für Geld.
Will wieder genießen können und herzhaft lachen,
möcht nochmal leben, lieben und lauter solch Sachen.

Würd mich erfreuen, an Blumen und Sonnenschein,
mit Freunden sitzen, bei einem Glas Wein.
Ohne zu haben, ein schlechtes Gewissen,
hinterher nicht weinen müssen, in mein Kissen.

Doch bin ich davon noch weit entfernt,
hab die Freude noch nicht wieder gelernt.
In einem Tunnel - da seh ich mich,
doch ein Ende, seh ich noch lange nicht.

2011

Dich suchen ....

In meinen Träumen suche ich dich,
doch träum ich von dir leider nicht.
Ich suche dich in dem Sternenfunkellicht,
doch auch im nächtlichen Himmel, find ich dich nicht.
Such dich bei den jungen Menschen, seh ihnen zu,
doch wen ich auch sehe, es bist nicht du.

Ich erinnere mich an dich, an die schönen Sachen,
und da, ja jetzt sehe ich dich lachen.
Ich schaue mir Bilder an von dir,
und schon bist du hier bei mir.
Ich finde dich immer am selben Platz,
in meinem Herzen bist du ewig, mein Schatz.

...... und finden in meinem Herzen.

2012

Dorina K.

Sandra W.

*16.04.1986 +22.12.2002

Zeichen und Wunder

6. April 2012

Vor beinahe zehn Jahren, genau bis zum 21. Dezember 2002, war meine Welt noch in Ordnung, vollkommen und normal. Eine Familie mit drei Kindern – zwei Jungen und einem Mädchen. Eine Familie, wie sie überall auf der Welt existiert – mit großen und kleinen Sorgen, Alltag, Schule, Arbeit, Glücksgefühlen und unglücklichen Momenten – alles, was das Leben für uns bereithielt.

Wir verschwendeten zu keiner Zeit auch nicht den kleinsten, leisesten Gedanken daran, dass unsere kleine Welt eines Tages so abrupt stehen bleiben würde, wir in ein unermesslich tiefes Loch stürzen würden und danach unser vorheriges Leben nicht mehr existieren sollte. Heute weiß ich, dass das zu den wirklich unvorstellbaren Dingen gehört, die ein Mensch erleben kann.

Am 22. Dezember war all das mit einem Wimpernschlag vorbei.

In der Stadt, in deren Nähe wir auf dem Land wohnten, gab ein großer, bedeutsamer Zirkus gerade eine Spätvorstellung. Das Nachtleben pulsierte noch, alles war hell erleuchtet. Mitten in diesem Nachtleben erschütterte ein Unfall die Stadt, drei junge Menschen starben, der Fahrer überlebte, und eine Beifahrerin überlebte diesen Wahnsinn ebenfalls schwerverletzt. Drei junge Menschen mussten sterben, weil der Fahrer des roten VW in grober Selbstüberschätzung mit unglaublich viel Alkohol im Blut und jugendlichem Wahnsinn meinte, er könne der ganzen Welt beweisen, was für ein Held er sei. Er raste in völliger Sinnlosigkeit durch die Stadt und erhörte kein Flehen.

Unsere Tochter Sandra war eines der Opfer – er hat sie zu Tode gerast! Nie ist mir ein anderes Wort dafür in den Sinn gekommen. Es spielt auch keine Rolle mehr, wie viele Jahre zwischen dem Ereignis und dem Heute liegen, mein Puls rast, wenn ich davon erzähle. Sie starb zusammen mit ihrem Freund im Bruchteil einer Sekunde. Er hielt sie noch an der Hand.

Unser Leben war vorbei, beendet mit dem sinnlosen Tod unseres Kindes in jener verhängnisvollen Nacht. Alles wurde düster, der Alltag kaum noch zu bewältigen, alles verschwand in einem Nebel aus Dunstschwaden, endlos langen Tagen, versunken in tiefer Grübelei und Freudlosigkeit in allem. Das Leben floss zusammen zu einem Brei ohne Hoffnung auf Zukunft.

Nach der Urnenbeisetzung fing ich an, jeden Tag lange Strecken, oft stundenlang, zu laufen. An den langen Abenden - schlafen war nur für wenige Stunden möglich – schrieb ich in ein Tagebuch alle düsteren Gedanken, aber auch Erinnerungen begann ich zu sammeln. Ich suchte im weiten Netz des Internets nach ähnlichen Schicksalen, begann eine Erinnerungsseite für unser Kind zu gestalten. Ich verbrachte unendlich viele Stunden damit, das Leben unseres Kindes fest zu halten. Ich hatte panische Angst, Erinnerungen an sie zu verlieren, ihren Geruch nicht mehr wahrzunehmen, ihr leeres Zimmer zu ertragen. Alles war ein täglicher Überlebenskampf. Die Sehnsucht ihr zu folgen wurde übermächtig. Der ganze Körper schmerzte. Ein Tränenmeer hüllte mich ein und es wuchs der Abstand zum Fluss des Lebens, mit dem ich nicht mehr mithalten konnte. Ich fühlte mich wie ein schwer verwundetes Tier, bereit in einer düsteren Ecke zu sterben.

Nur bei unserem Kind sein, mein innigster Wunsch, nur das wollte ich noch.

Ich wünschte mir immer wieder, dass sie mir Zeichen geben würde, die mir den Glauben ermöglichen würden, dass sie noch da ist, um uns herum, dass sie mit uns zusammen weiter lebt.
Und plötzlich begann ich sie wahrzunehmen, die kleinen und großen Ereignisse um mich herum.

Anfangs traute ich mich nicht, davon zu berichten, andere daran teilhaben zu lassen. Später sprach ich mit sehr wenigen, mir sehr nah stehenden Familienmitgliedern und Freunden, die, wie ich meinte, vielleicht noch am ehesten verstehen und glauben würden, dass ich all das wirklich erlebt hatte.

Auch das Lesen vieler Bücher, die sich mit dem Tod, dem Leben danach und Nahtoderfahrungen beschäftigten, gaben mir immer mehr die Zuversicht, dass ich nicht allein war mit meinen Entdeckungen.

Ich war nicht verrückt, wenn auch zugleich mein Innerstes völlig VERRÜCKT war. Meine Sinne hatten sich geschärft. Ich sah, spürte und vernahm VERRÜCKTE Dinge. Sie fielen mir zu – das Wort ZUFALL bekam eine völlig neue Bedeutung für mich. Ich fing an zu glauben, zu spüren, dass das, was mein Kind ausmachte, nicht verschwunden war. Sie lebt, sie kann sich mir zeigen, sie kann an unserem Leben teilnehmen, sie ist bei uns. Und daran versuche ich mich festzuhalten – seit nunmehr fast zehn Jahren. Nur so gelingt mein alltägliches Überleben.

Und es fällt mir heute auch nicht mehr schwer, davon zu erzählen. Es ist eine Freude für mich.

Meine erste Begegnung

Es war Ende März 2003, kaum ein viertel Jahr nach dem Unfall. Jeden Tag rannte ich mit unserer Hündin stundenlang um unser Dorf herum, möglichst weit weg, um niemandem begegnen zu müssen, nicht reden zu müssen. Kälte spürte ich nicht, sonnige Wärme nahm ich in mir auf, auch wenn ich damit haderte, dass ich all das haben durfte, aber mein Kind nie mehr.

Irgendwann setzte ich mich am Grillplatz auf eine alte knorrige Bank. Ich streichelte meine Hündin, sie lag still neben mir.

Ich fing an, laut mit meinem Mädchen zu sprechen, erzählte ihr von meinem unbändigen Schmerz, meiner tiefen Wut, meiner grenzenlosen Hilflosigkeit und meinem Verlangen, bei ihr sein zu wollen.
Und irgendwann in meiner lauten Klage und den vielen Tränen bat ich sie, mir doch irgendwie zu zeigen, dass sie noch da, dass sie bei mir ist. Ich bat sie, mir ein Zeichen zu schicken, etwas, das mich hoffen lassen könnte.

Der Wind und die Kälte machten deutlich, dass der Winter noch lange nicht vorbei war. Und doch, kaum hatte ich meine Worte ausgesprochen, flatterte mit leisem zarten Flügelschlag ein Schmetterling vor meiner Bank auf und nieder, drehte noch ein paar Mal seine Runden und flatterte dann davon.

Als später im Laufe des Jahres den Rand dieses Weges kräftige Himbeersträucher, Brennnesseln und andere wilde Pflanzen säumten, begleiteten mich häufig drei Schmetterlinge. Zwei flatterten immer umeinander herum und ein dritter flatterte daneben mit. Ich sprach jedes Mal mit den Dreien und hatte das Gefühl, dass sie mich ein Stück des Weges begleiten.

Schmetterlinge stehen im Zusammenhang mit dem Tod als ein Symbol des Aufsteigens in eine neue Dimension. Vielleicht ist es die Leichtigkeit eines Schmetterlings, was es unseren Kindern ermöglicht, mit uns in Kontakt zu treten.

Die Mütter der ebenfalls getöteten Jungen berichteten mir von ähnlichen Erlebnissen. Es waren immer drei Schmetterlinge in unserer Nähe. Seit diesen Begegnungen habe ich zu Schmetterlingen ein völlig neues Verhältnis. Ich fotografiere sie, ich spreche mit ihnen, ich liebe sie und erfreue mich ihrer Farbenpracht.

Meine zweite Begegnung

Wir waren vor einigen Jahren in Ungarn, viele Kilometer weg vom Balaton, mitten im Land. Es passierte nicht viel Besonderes in diesen Wochen. Streunende Hunde füttern und duschen, abends riesige Lagerfeuer machen und wie Rumpelstilzchen um sie herum springen, das waren unsere Highlights. Und einmal hatte unser Mädchen das Glück, bei einem Nachbarn ein Rehkitz zu entdecken. Am Ende hatte sie es auf dem Arm und wir ein schönes Bild von unserem Mädchen mit Rehkitz. Soviel zur Vorgeschichte.

Anfang Mai (2003) ging ich wie immer mit unserer Hündin meine lange Mittagsrunde laufen. In einem lichten Wäldchen sah ich es plötzlich - ein Reh stand da. Es trennten uns vielleicht zehn, zwölf Meter. Es stand ganz still und beobachtete uns beide. Und so schauten wir uns für eine ganze Weile an, ich fing an mit ihm zu sprechen.

Für mich verWUNDERlich war, dass es nicht das Weite suchte. Ich war es, die zuerst ging. Keine zwei Wochen später hatte ich ein ähnliches Erlebnis mit meinen Lauf-Frauen. Ganz nah, in einem frühen Getreidefeld, stand ein Reh und schaute uns an. Auch dieses lief nicht gleich weg.

VerWUNDERlich ist für mich auch, dass dies jedes Mal am helllichten Tage passierte und nicht zur Dämmerzeit.
Ich hatte sofort die Bilder von meinem Mädchen wieder im Kopf.

Meine dritte Begegnung

Am 9. Juni 2003 erlebte ich am Abend ein erneutes WUNDER. Ich saß draußen auf der Terrasse und beobachtete die Wolken. Die Abendsonne ließ sie hellrot erleuchten. Ich suchte den Abendhimmel eigentlich nach den ersten Sternen ab. Was ich dann sah, ließ mich nur noch schnell nach meinem damaligen Mann rufen. Warum ich es nicht fotografiert habe, weiß ich nicht. Vielleicht hatte ich Angst, dass es dann zu schnell verschwinden würde. Ich traute mich nicht ins Haus. Ich starrte wie gebannt nach oben. Mein Mann kam wohl wegen meiner aufgeregten Stimme schnell auf die Terrasse und schaute zum Himmel. Und mein sonst so sachlicher Mann, begann, glaube ich, in diesem Moment daran zu glauben, dass unser Mädchen da ist.

So habe ich es in mein Tagebuch gemalt, so, wie ich es sah!

Ich habe es nicht fotografiert, aber in mein Tagebuch gezeichnet. Aus diesem habe ich es nun gescannt und dem Wolkenbild beigefügt. Die Wolke war in aller Deutlichkeit ein Widder. Ich muss noch mal sagen, dass es sicher Zweifler gibt. Diese kann ich nicht bekehren, ich will es auch gar nicht. Ich erzähle nur Dinge, die mir (uns) wirklich passiert sind. Unsere Tochter ist ein Widder.

Meine vierte Begegnung

Auch zu dieser gibt es eine Vorgeschichte. Am 8. Dezember 2003 (ich war abends noch in der Schule) schien der Mond besonders hell. Mein Mann war so fasziniert, dass er ihn unbedingt fotografieren wollte. So ging er mit unserer Kamera vor das Haus und versuchte sein Glück. Leider waren die Akkus wohl nicht mehr so gut geladen. Kurze Zeit später erzählte er unserem „Großen" davon. Er nahm sich die Kamera und verschwand damit auf eine Zigarette vor die Tür. Einige Tage später überspielte ich alle Bilder auf meinen Computer. Schon während des Aufspielens sah ich verWUNDERliches.

Ich fragte meine Männer, was sie denn da fotografiert hätten und sie erzählten mir von dem Abend des 8. Dezember.

Dieses Bild entstand am 8. Dezember 2003 um 21.12 Uhr. Erstaunt haben mich die Zahlen. Die acht steht symbolisch für die Unendlichkeit. Und der 21.12. war der letzte Lebenstag unserer Tochter.

Mein Sohn hat mir beim Überspielen auf den PC versichert, dass er einen ganz normalen Vollmond gesehen hat, zwar sehr hell, aber sonst wie jeder andere Vollmond. Wir haben das Bild in der Digitalkamera als schreibgeschützt eingestellt, so bleibt es erhalten. Wir haben das Foto entwickeln lassen und es begleitet uns auf unterschiedliche Weise. Wieder etwas, was uns nicht erklärlich ist. Aber wir verstehen es als Zeichen von unserem Kind. Und genau uns ist es ZUGEFALLEN!

Eine fünfte Begegnung

Ich beschäftigte mich eine lange Zeit mit dem Maya-Kalender. Eine liebe Freundin hatte mich dazu gebracht. Unsere Tochter hat wie jeder andere auch im Maya-Kalender einen Geburts-KIN. Ihrer ist die 88.

Der Maya-Kalender endet am 21. Dezember 2012. Am 22. Dezember ist Sandras zehnter Todestag. Oder anders ausgedrückt, am 21.12.2012 werden wir uns zum zehnten Mal wieder ganz bewusst ihres letzten Lebenstages erinnern. Welch eine Bedeutung mag das haben?

Meine sechste Begegnung

Am 28. und 29. März 2005 hatten wir Besuch von den Freunden, die auch beim Maya-Kalender eine Rolle spielten. Wir wollten uns bei einem Ausflug Fritzlar gemeinsam anschauen. Ich war mit meinem damaligen Mann schon mehrfach dort, wir hatten unseren Stamm-Parkplatz, eine festgelegte Route. Diesmal fuhren wir mit Navigationssystem. Während der Fahrt, schon in Fritzlar, einigten wir uns darauf, wieder auf unseren Parkplatz zu fahren, wie immer. Das Navigationssystem gab uns an der entscheidenden Kreuzung eine andere Richtung vor. Mein Mann fuhr entgegen unserer Absprache dieser „Stimme" nach. Wir parkten und liefen also anders als sonst in die Stadt hinein. Wir redeten mit unseren Freunden und merkten dabei nicht, wie wir der Einkaufszone immer näher kamen. Das erste

Geschäft schob sich regelrecht in unseren Blick hinein. Schon aus der Ferne sah ich, dass die Auslagen im Schaufenster abwichen von dem sonstigen Kleinkram. Als wir näher kamen, hatte ich das tiefe Bedürfnis, dort unbedingt hinein zu gehen. Es gab Engel über Engel - in den schönsten Formen, aus Holz geschnitzt, aus Messing, Glas, große und ganz kleine, stehend, sitzend, liegend und vieles andere. Ich war fasziniert. Ein Engel berührte mein Herz ganz besonders. Ich schlich noch mehrfach um die Regale herum und nahm dann doch den Engel, der mir so sehr gefiel. Ich bezahlte und die Verkäuferin suchte noch sehr lange nach einer Verpackung. Erst als ich wieder mit meinem Engel-Schatz auf der Straße stand, sah ich auf der Verpackung, welchen Namen dieser Engel trug. Es ist ein Engel aus der „Willow Tree“ Serie und er heißt Angel of Caring, das bedeutet Beschützerengel.

Unsere Tochter heißt SANDRA - und das bedeutet „Die Beschützerin“.

Ich musste diesen Engel kaufen, genau diesen und keinen anderen und ohne es vorher zu wissen. Sandra hatte in wenigen Tagen ihren 19. Geburtstag und ein Geschenk brauchte ich noch. Ich war den ganzen restlichen Nachmittag immer wieder in Gedanken bei meinem Kind und diesem Engel. Ich holte ihn immer wieder aus seinem Karton und musste ihn anschauen und bewundern.

ZUFALL – ja! Es fiel genau uns zu.

Nach Sandras Tod haben wir uns alle sehr verändert. Ich zog mich sehr zurück in die Stille und Einsamkeit. Mein damaliger Mann und Sandras Papa war viel unterwegs – unser Leben verlief sehr gleichförmig, wir lebten sehr nebeneinander her, ohne uns dessen bewusst zu sein. Drei Jahre nach Sandras Tod trennte ich mich von meinem Mann. Die Trauer hatte uns nicht wirklich vereint, sie zog einen Graben zwischen uns.

Der Zufall wollte es, dass ich einem anderen Mann begegnete, der meine Seele zutiefst berührte, mit mir über viele Dinge seines und meines Lebens sprach, und ich das Gefühl hatte, ich würde ihn schon sehr, sehr lange kennen. Er gab mir Geborgenheit, tiefe Liebe, tausendfache Zärtlichkeit und das Gefühl, dass es noch einen Grund gibt, im Leben zu bleiben.

Meine Söhne waren mittlerweile junge Männer geworden. Einer lebte noch zu Hause, der ältere führte schon sein eigenes Leben.

Mit meinem neuen Mann erlebte ich nun als großes Wunder die Geburt zweier kleiner Erdenmenschen. Zwei kleine Jungen, geboren in einer tiefen Liebe - voller Freude erwartet.
Nach all dem habe ich - haben wir - es noch mal gewagt. Sie bereichern unser Leben in allen Facetten, sind lebhaft, spontan, einfach fröhlich sprudelnde Kinder. Aber völlig verWUNDERlich ist das Geburtsdatum beider Kinder.

Der Ältere von beiden wurde am 07.07.2006 in einem Geburtshaus geboren. Der Jüngere am 08.08.2008 in unserem Haus. Beide Geburten waren völlig spontan und wir konnten zu diesen Geburtsdaten nichts dazu tun, niemand leitete eine Geburt ein und wir waren selbst äußerst überrascht.

Ich bin sehr glücklich über diese beiden Zwerge. Ich bin auch davon überzeugt, dass diese beiden Kinder ein Zeichen meiner Tochter sind. Ein Zeichen für das Weitermachen auf dieser Erde. Aber ich habe auch massive Ängste, Verlustängste, die manchmal kaum stillzuhalten und schwer auszuhalten sind. An manchen Tagen schleichen sich fürchterliche Bilder in meinen Kopf ein und wenn ich manchmal mit den Kindern zu Fuß unterwegs bin, möchte ich sie am liebsten an mich dranbinden, um sie vor dem Verkehr, der Geschwindigkeit und Nähe zu Fahrzeugen zu beschützen.
Mir ist bewusst, dass sie noch vor vielen Herausforderungen stehen werden und ich nicht immer dabei sein kann. Aber im Moment bin ich sehr panisch. Das kannte ich so nie. Mit meinen großen Kindern lebte ich freier.

Auch habe ich noch Fragen, die mich bewegen und auf welche ich wohl niemals auf dieser Erde Antworten bekommen werde. In zwei Familien der drei getöteten Kinder wurden wieder Kinder geboren - ein Mädchen und zwei Jungen. Wieso wieder drei Kinder? Warum sind meine beiden Jungen zu solch ungewöhnlichen Geburtszahlen geboren?

Meine kleinen WUNDER - mögen sie ein gesundes und glückliches Leben haben!

Und noch eine Begegnung

Im Sommer des Jahres 2010 unternahmen wir einen Tagesausflug in einen Kletterwald. Die beiden Kleinen waren mit der Großmama im Zoo bestens versorgt und so konnten mein Mann, A. und ich das Experiment Kletterwald wagen. Für mich war es das erste Mal.

Leider musste ich zu Beginn der Klettertour meine Kette abgeben, von der ich mich bis zu diesem Tage noch nie getrennt hatte. Sie zeigt ein eingraviertes Portrait von Sandra. Mein Kind ist immer bei mir und das zeige ich auch überall. Nur unter heftigstem, innerstem Groll gab ich die Kette ab. Ich hatte ein schlechtes, unsicheres Gefühl - mir fehlte was - mir fehlte sie!

Es gab sechs Parcours, zu jedem gehörten mehrere Aufgaben, die wir kletternd bewältigen mussten. Den sechsten Parcours wollten wir nicht machen, da ein Arm meines Mannes nicht mehr sehr heftig belastet werden darf. Blieben immer noch fünf.

Bei den ersten Aufgaben gewöhnte ich mich langsam an die Höhe, vergaß diese Ängste und hangelte mich von Aufgabe zu Aufgabe. Es machte immer mehr Spaß, ich fühlte die Herausforderung, spürte viel Kraft in mir und gab mich auch dem sicheren Halt in den Seilen hin. Jeder Parcours ging ein bisschen höher, verlangte uns viel Kraft ab. An der vorletzten Aufgabe unseres letzten - fünften - Parcours verließ mich plötzlich Mut und Kraft. Ich hatte so zu kämpfen, blieb dann mitten in der Aufgabe stehen, klammerte mich am Holz fest und überlegte, ob ich aufgeben sollte. A. war mir voraus gegangen, stand schon auf der Plattform. Mein Mann wartete noch hinter mir auf der anderen Plattform. Plötzlich sagte mir A., dass da ein Schmetterling an meiner Hose sei und mein Mann bestätigte es. Ich schaute herab und ja - da saß er - an meinem linken Bein - ein wunderschönes Tagpfauenauge. Der hätte doch überall hinfliegen können, überall - warum zu mir?

Ich bekam Tränen in die Augen, schaute meinen Mann an - er lächelte mir zu - erwiderte bestätigend meinen Blick - ja, es ist, was du fühlst! Ich atmete noch mal tief durch und schaffte dann das letzte Stück! Ich kam innerlich völlig aufgewühlt am Ende unseres fünften Parcours an. Ohne meine beiden aufmerksamen Lieben hätte ich dieses Wunder wohl kaum selbst entdeckt.

Auch nach so „langer“ Zeit brauche ich diese kleinen Wunder, ich brauche die Bestätigung, dass mein Kind noch da ist. Es ist der Strohhalm zum Überleben - immer noch! Ich bin im zehnten Jahr meiner neuen Zeitrechnung und es nähert sich der Todestag zum zehnten Mal. Es bleibt ein zutiefst trauriges Erlebnis und es begleitet mich all meine Lebenszeit hindurch. Sandras Fehlen wird durch nichts ersetzt oder irgendwie wieder gut gemacht. Es vergeht auch nicht die Trauer um ihren Tod, um ihr Fehlen und das Nicht-mehr-erleben-dürfen, wie sie ihr Leben gestaltet hätte. Sandra ist ein Teil von mir und es tut immer noch unendlich weh.

Aber all diese Wunder und Zeichen, die mir in all den Jahren in kleiner und großer Form begegnet sind, geben mir die Hoffnung auf ein Wiedersehen, auf Umarmung, auf Zärtlichkeit und ganz viel Reden.

Sandra lebt in mir weiter, tief in meinem Herzen, und jedes kleine Wunder und Zeichen wird immer in meinen Gedanken von ihr sein.

Ich hoffe sie wird in ihrer Welt gut behütet!

Ina K.

Steven L.

*09.12.2001 +07.12.2011

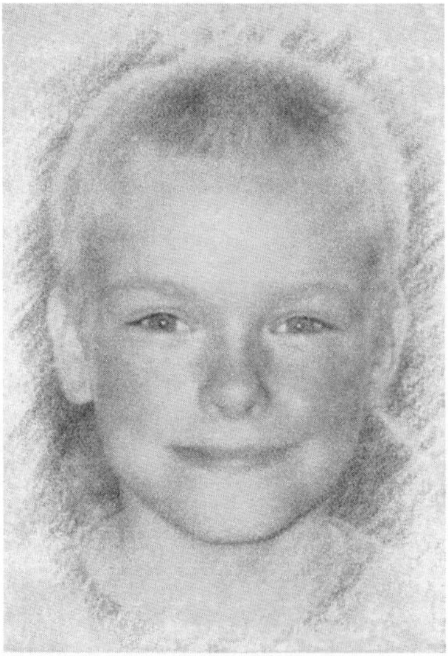

Steven war ein sehr fröhlicher, aufgeweckter Junge und wir hatten unendlich viel Spaß miteinander. Da ich ihm grenzenlos vertrauen konnte, hatte Steven immer viel Freiraum. Er war oft draußen um zu spielen und sich auszutoben. Er war eine richtige Sportskanone und sehr selten krank. Ich habe vier Kinder und Steven war mein ältester Sohn. Anfang Dezember 2011 brachte ich Steven mit einem Zuckerschock ins Krankenhaus. Am vierten Tag verschlechterte sich sein Gesundheitszustand so drastisch, dass er am späten Vormittag ins Licht ging. Zwei Tage später wäre er zehn Jahre alt geworden. Meiner Vermutung nach ist sein Tod auf Behandlungsfehler der Ärzte zurückzuführen. Leider darf ich mich dahingehend nicht weiter äußern, weil das diesbezügliche Gerichtsverfahren immer noch in der Schwebe ist.

Steven, wir vermissen dich unendlich!!! In Liebe deine Mama mit Luana, Colin und Lennox.

Der Regenbogen

Kurz nachdem Steven ins Licht gegangen war, hatte ich bei meiner Pastorin einen Termin bezüglich eines Gesprächs wegen der Beerdigung. Ich hatte eine ca. vierzigminütige Autofahrt vor mir. Ich kannte das Ziel nicht genau., fuhr aber einfach los und beschloss, mich durchzufragen, da ich den kompletten Weg nicht kannte. Mitten auf der Strecke schaute ich nach rechts oben und sah einen Regenbogen, den man gar nicht Regenbogen nennen konnte. Dieser Regenbogen machte keinen Bogen, sondern sah eher aus wie eine Rutsche, die in den Wolken begann und kurz vor mir endete. Ich war irritiert, denn ich hatte so etwas vorher noch nie gesehen. Ich konnte kaum meinen Blick abwenden, fuhr dann aber irgendwann weiter - und egal wo ich lang fuhr, blieb der merkwürdige Regenbogen immer rechts vor mir. Dann dachte ich, er wäre verschwunden, und als ich nicht mehr wusste, wo ich war, war er plötzlich wieder da. Ich fuhr auf ihn zu und stand plötzlich vor meinem Ziel. Ich erzählte der Pastorin davon und sie sagte: „Das ist aber toll, dann hat Ihnen ja Steven den Weg hierher gezeigt.“ Ich fühlte mich sehr glücklich, denn ich wusste, dass es mein Junge gewesen war, der mir den Weg dort hin gewiesen hatte.

Das Raumschiff

Das erste Weihnachten war sehr traurig. Zu diesem Weihnachten hatte ich dem jüngeren Bruder von Steven ein Spielzeugraumschiff geschenkt. Ein paar Tage danach saß ich abends am PC und die Kinder waren im Bett. Ich las einen traurigen Text und mir war furchtbar nach Weinen zumute. Ich ging in die Küche, um mir ein Glas Wasser zu holen. Auf dem Küchentisch stand das Spielzeugraumschiff von Stevens jüngerem Bruder. Als ich die Küche betrat, fing es an zu blinken. Erschrocken blieb ich stehen, um mir das Schauspiel anzusehen. Ich wusste, dass es nur blinken konnte, wenn es auch aktiviert wurde. Also setzte ich mich an den Küchentisch und beobachtete das Blinken. Nach ungefähr zehn Minuten hörte es auf. Ich nahm es in die Hand, schaute es an, klopfte es auf den Tisch, doch nichts brachte es zum Blinken. Dann musste ich lachen, denn ich dachte, wenn jemand durch das Fenster schaut, sieht er eine 35-jährige Frau, die mit einem Raumschiff spielt. Ich konnte nicht aufhören zu lachen und dachte: „Steven, du Spinner, jetzt hast du deine Mama aber ganz gut ausgetrickst." Mein Junge ist oft sehr kreativ, was seine Zeichen betrifft, das macht mich immer wieder sehr glücklich.

Der Schatten

Eines Nachts, nachdem ich zu Bett gegangen war, lag ich noch lange wach und dachte nach. Bevor ich diese Geschichte weiterschreibe, muss ich erwähnen, dass Steven ein riesengroßer Star Wars-Fan war, wobei sein großer Held in diesem Film Darth Vader ist. Ich wälzte mich in meinem Bett hin und her, ein paar Tränen liefen mir die Wangen runter und das Licht der Straßenlaterne schien ins Zimmer. Mein Blick fiel auf Stevens Bild, das an der Wand hängt. Ich stutzte, ein merkwürdiger Schatten war unter dem Bild. Ich setzte mich hin, denn ich konnte meinen Augen nicht trauen. Unter dem Bild von Steven sah ich die Maske von Darth Vader. Ich stand auf, schaute mir die Maske näher an und überprüfte, wie es zu der Schattenmaske kommen konnte, fand aber nichts. Ich legte mich wieder hin. Kurz bevor ich einschlief, schaute ich noch einmal an die Wand, aber die Schattenmaske war weg - und ich schlief sehr glücklich ein.

Der Faschingsumzug

Am Faschingsdienstag ging ich mit meinen Kindern und meiner Freundin in die Stadt zum Faschingsumzug. An diesem Tag war mir besonders traurig zumute, denn Steven liebte diese Faschingsumzüge und verkleidete sich auch gerne. Eigentlich war mir gar nicht nach Fasching zumute, aber ich versuchte, Stevens Geschwistern zuliebe an diesem Tag eine gute Miene zu machen. Wir standen am Straßenrand, genau an der Stelle, wo wir auch sonst all die Jahre gestanden hatten. Schweren Herzens schaute ich mir das bunte Treiben an. Dann kam ein Wagen, dessen Narren mir besonders gut gefielen. Als der Wagen auf mich zufuhr, spielte er Stevens Lieblingssong und blieb genau vor mir stehen. Als Stevens Lieblingssong beendet war, fing auf einmal mein Lieblingssong an. Ich schlug die Hände vor mein Gesicht und konnte nur noch weinen. Ich wusste, es war ein Gruß von meinem Sohn und ich war traurig und glücklich zugleich. Dieses Zeichen von Steven gab mir die Kraft, diesen Tag zu überstehen.

Der bunte Streifen

Es war um die Mittagszeit und ich lief vom Wohnzimmer in die Küche. Auf dem Teppich zwischen Wohnzimmer und Flur war ein bunter Streifen, wie ein Regenbogen. Ich lief weiter, stutzte, und ging zurück. Ich sah mir diesen kleinen, leuchtenden Regenbogen näher an. Er war ungefähr 45 Zentimeter lang und vier Zentimeter breit, ein kleiner bunter Lichtstreifen. Ich ging zum Fenster, hielt meine Hand gegen die Gardine und versuchte, einen Schatten auf den Teppich zu werfen. Meine Finger machten ein Schattenmuster in den Lichtstreifen, doch er blieb da. Ich zweifelte ein wenig an meinem Verstand und holte meine sechsjährige Tochter, um mir bestätigen zu lassen, dass dieser Lichtstreifen wirklich dort war. Ich fragte meine Tochter: „Siehst du diesen Streifen?“, und sie fragte: „Den mit den bunten Streifen?“ Ich sagte: „Ja“, und musste ein bisschen lachen. Wieder hatte mir mein Sohn auf kreative Weise ein Zeichen geschickt. Abschließend möchte ich sagen, dass ich bei allen Zeichen, die Steven mir bisher geschickt hat, eine große, innere Sicherheit hatte, dass all das von Steven kommt. Ich war nie hysterisch bei diesen Zeichen, sondern spürte immer einen inneren Frieden und eine große Dankbarkeit darüber, dass Steven noch immer sehr oft an meiner Seite ist.

Claudia L.

Thorsten G.

*22.06.1984 +23.12.2006

Am 22.6.1984 wurde Thorsten geboren. Das erste von vier Kindern. Der glücklichste Tag in meinem Leben. Ich war 22 und Thorsten ein absolutes Wunschkind. Nie hätte ich mir an diesem Tag träumen lassen, dass er nur 22 Jahre alt werden sollte.

Thorsten wuchs zu einem großen, schlanken, sportlichen jungen Mann heran. Selber Fußball spielen und der BVB waren sein Leben. Zu jedem Spiel rannte er ins Stadion. Eine Dauerkarte auf der Südtribüne war selbstverständlich.
Dass wir mit 300 Mann mal für seine Trauerfeier auf der Südtribüne stehen würden - UNDENKBAR.
Sein Lied „You`ll never walk alone“ kannte er auswendig. Es wurde auf seiner Trauerfeier live von Matthias Kartner (Pur Harmony) im Stadion gesungen.

Jetzt steht der Satz auf seinem Grabstein.

Zeichen von Verstorbenen kannte ich nicht. Bei vier Kindern und einem Vollzeitjob hatte ich für so etwas auch keine Zeit.

Am 12. Juli 1994, kurz vor Mitternacht, bekamen wir zum ersten Mal Thorstens Diagnose zu hören. Verdacht auf Leukämie. Später hieß es dann: aplastische Anämie. Er lag lange im Krankenhaus und während dieser Zeit habe ich Thorsten versprochen, dass er, wenn es ihm wieder besser geht, mit seinem Papa nach München ins Olympiastadion fahren darf. Natürlich wenn Bayern gegen den BVB spielt. Ein Jahr später haben die beiden es dann in die Tat umgesetzt. Mein Mann hat noch Jahre nach Thorstens Tod davon erzählt, wie sie beide am Marienplatz ankamen und schon alles voll war mit BVB-Fans.

2009 war ich mit meiner Freundin am 12. Juli in München im Stadion zu einem Benefizkonzert. Kurz vor dem Ende bin ich aufgestanden und schon mal ein paar Treppenstufen runter gegangen. Auf einmal spielten und sangen sie live „You`ll never walk alone". Thorstens Lied. Das ganze Stadion erhob sich und sang mit. Ich bekam eine Gänsehaut.

Dann sind wir mit der U-Bahn zurück ins Hotel gefahren. Am Marienplatz schaute ich kurz aus dem Fenster und in dem Moment stand an der Lichtreklame am gegenüberliegenden Bahnsteig: „Was war am 12. Juli 1994?" (das Datum der Leukämie-Diagnose). Es war kurz vor Mitternacht. Mir liefen die Tränen. Was genau an diesem Tag war, habe ich nicht mehr lesen können, da die Bahn weiterfuhr.

Jetzt die allerersten Zeichen, welche ich aber damals noch nicht als solche erkannte. Ich bin gleich 14 Tage nach Thorstens Tod im Internet auf die Seite „Leben ohne Dich" gestoßen. Die ersten Monate habe ich nur gelesen. Nach sieben Monaten bin ich dann zum ersten Kennenlerntreffen ins Sauerland gefahren. Ich wollte Gesichter zu den vielen tragischen Geschichten im Internet bekommen. Wir kamen dort in einen wunderschön gestalteten Raum und im Hintergrund spielte Musik, welche mich total faszinierte. Jedes Mal, wenn wir in diesen drei Tagen in diesen Raum kamen, spielte dieses Lied. Ich kannte es nicht und weiß auch heute noch nicht, wie es heißt und von wem es ist.
Vier Monate nach diesem Treffen hatte meine Schwester Silberhochzeit. Es fiel mir schwer, daran teilzunehmen, aber da sie an diesem Tag auch

noch ihre kirchliche Trauung nachgeholt hat, bin ich mit hin. Später wurde dann gegessen und als alle saßen und ihr Essen hatten, legte der Discjockey CDs auf - und auf einmal erklang dieses faszinierende Lied. Mir blieb fast das Essen im Hals stecken.

Als ich diese Geschichte ein paar Tage später meiner Freundin erzählte, sagte sie nur: „Thorsten wollte dir zeigen, dass er auf der Silberhochzeit auch dabei ist.“ Erst da hat es bei mir gefunkt.

Fünf Monate später war dann Thorstens Geburtstag. Da es ein Sonntag war, beschloss ich, in die Kirche zu gehen, obwohl ich sonst kein großer Kirchengänger bin.

Am Ende des Gottesdienstes wurden Zwillinge getauft. Die Pastorin machte die erste Taufkerze an. Sie ging wieder aus. Also wurde sie ein zweites Mal angemacht. Dann wurde die andere Taufkerze angezündet. Auch sie ging wieder aus. Alle lachten und sie wurde noch einmal angezündet. Nur mir war nicht zum Lachen. Ich sah es als schlechtes Omen.

Als ich diese Geschichte Tage später wieder meiner Freundin erzählte, lachte auch sie. „Das ist doch kein schlechtes Omen“, sagte sie. „Dein Thorsten ist ein Schlawiner. Er wollte dir doch damit nur zeigen, dass sein Lebenslicht erloschen ist.“

Am 15. Juni 2010 war ich mit meiner Freundin am Chiemsee. An diesem Tag fuhren wir mit einem älteren, mit ihr befreundeten Paar, rüber zur Herreninsel. Auf dem Schiff fragte mich der Mann, wie das denn bei Thorsten alles so gewesen sei. Ich habe ihm einiges erzählt und zum Schluss gesagt, dass ich Thorstens Personalausweis immer in meiner Geldbörse habe. Er wollte ihn daraufhin sehen, auch wegen dem Foto, da ich sonst keines bei mir hatte.
Seit über zwei Jahren hatte ich diesen Ausweis nicht mehr in der Hand gehabt. An diesem Tag habe ich ihn dann rausgeholt und den anderen gezeigt. Auf einmal sagte der Mann zu mir: „Guck mal, 15.6.2010. Der Ausweis läuft heute ab.“

Ein Gedicht für Thorsten, geschrieben an seinem ersten Todestag von seiner Schwester Kathrin:

Seit einem Jahr ohne Dich,
in meinem Herzen sitzt ein schmerzhafter Stich.
Dieser wird erst wieder geh´n,
wenn wir uns endlich wiederseh´n.

Vor einem Jahr wurdest du uns genommen.
Bist du auch gut angekommen?
Wurdest du lieb empfangen,
von Verwandten, die sind vor dir gegangen?

Seit einem Jahr bist du nun fort,
an einen mir unbekannten Ort.
Es wird noch etwas Zeit vergeh´n
bis ich diesen Ort darf seh´n.

Vor einem Jahr hast du deine Augen für immer geschlossen,
dein Leben auf Erden wurde ausgeloschen.
Ich sah, wie Farbe und Wärme dir entwich,
dies zu sehen, war für mich unerträglich.

Vor einem Jahr wurdest du zu meinem Held,
als du verschwandest aus meinem Blickfeld.
Ich hätte nicht so gekämpft um mein Leben,
du hast für Deines alles gegeben.

Seit einem Jahr ohne dich
und doch lässt du uns nicht im Stich.
Deine Seele ist immer dabei,
mit dem Unterschied: „Jetzt ist sie frei."

Anke G.

Ein kleines Zeichen

Ein kleines Zeichen nur von Dir,
liebes Kind, das wünsch' ich mir...
das mir sagt, es geht Dir gut;
das neue Hoffnung bringt und Mut.

Wie lebt es sich im Sternenland,
mit anderen Kindern Hand in Hand?
Ist es da wirklich bunt und schön,
und könnt Ihr uns von dort aus sehen?

Ihr seid bestimmt ein munteres Völkchen;
tobt lustig durch die Kuschelwölkchen
und spielt den lieben langen Tag...
das sind Gedanken, die ich mag!

Zwar werdet Ihr uns immer fehlen,
doch würde es uns nicht so quälen,
hätten wir die Sicherheit:
es geht Euch gut für alle Zeit!

Drum, macht Ihr mal mit dem Spielen Pause,
schickt bitte einen Gruß nach Hause
und helft uns, daß wir ihn erkennen...
(und nicht die „Sternchenpost“ verpennnen)

Ein Schmetterling oder ein Traum,
ein wunderschöner Apfelbaum,
ein Wölkchen gar, ein Schneckenhaus -
wie sieht dieser Gruß wohl aus?

Ich geb' nicht auf, werd' immer hoffen
und halte stets die Augen offen,
denn eines Tag's wird's mich erreichen:
von meinem Kind ein kleines Zeichen...

© Ralf Korrek

Nachwort

Unsere Kinder werden immer bei uns sein, in ihrer jetzigen, ganz speziellen Form, wir tragen sie im Herzen und in unserer Seele bis an unser Lebensende mit uns, und wir hoffen, nein wir glauben, wir wissen, dass wir uns eines Tages wiedersehen und uns wieder in die Arme schließen können.

Achte auf die kleinen Zeichen,
denn durch sie wird eines Tages
die Antwort auf die größte Frage
dein einsam wundes Herz erreichen.
© Michael 'Bundy' Roth

Danksagung

Unser Dank geht an alle, die uns bei diesem Projekt tatkräftig unterstützt haben.

Besonders erwähnen möchten wir:
Alexandra Bosch http://www.maximilianprojekt.com/, Andrea Karsunke, Bodo Fritsche, Gisela Bierbrauer, Linda Resech, Michael Raden, Ullrich Kowald, Yvonne Spiller

Für die freundliche Abdruckgenehmigung bedanken wir uns sehr herzlich bei:

Jörg Zink, „Werden wir uns also wiedersehen?“ Seite 11
Judka Joe, „Begleiter" Seite 13
Alexandra Wirth „Nur einen Flügelschlag von Dir“ Seite 155
Kim Meike Rosendahl, „Du bist nicht allein“ Seite 245
Ralf Korrek, „Ein kleines Zeichen“ Seite 247
www.land-der-sternenkinder.de
Michael 'Bundy' Roth, „Achte auf“ Seite 251
www.schmetterlingspoesie.de
VEID e.V. Wortmarke „Verwaiste Eltern“
www.veid.de

Hier ist Platz für Ihre Zeichen ...